教 育 硕 士 示 范 性 教 材 丛 书

资助项目：基于“双师型”教师培养的教育硕士培养体系改革研究（项目号：2019JGXM75）
高水平“双师型”教育硕士培养体系建设提升工程

信息化教学资源开发与应用

曹育红　郑荣　邓文新　编著

WUHAN UNIVERSITY PRESS
武汉大学出版社

图书在版编目(CIP)数据

信息化教学资源开发与应用/曹育红,郑荣,邓文新编著.—武汉:武汉大学出版社,2023.8

教育硕士示范性教材丛书

ISBN 978-7-307-23605-9

Ⅰ.信…　Ⅱ.①曹…　②郑…　③邓…　Ⅲ.计算机辅助教学—研究生—教材　Ⅳ.G434

中国国家版本馆 CIP 数据核字(2023)第 034579 号

责任编辑:黄　殊　　　责任校对:汪欣怡　　　版式设计:马　佳

出版发行:**武汉大学出版社**　(430072　武昌　珞珈山)

(电子邮箱:cbs22@whu.edu.cn　网址:www.wdp.com.cn)

印刷:武汉邮科印务有限公司

开本:720×1000　1/16　印张:13.75　字数:223 千字　插页:1

版次:2023 年 8 月第 1 版　　2023 年 8 月第 1 次印刷

ISBN 978-7-307-23605-9　　定价:58.00 元

前　言

信息化教学资源是应信息时代的技术发展而出现的。教学实践表明，有效地开发并利用信息化教学资源，对学生的学习能力以及问题意识的培养乃至怀疑精神的塑造具有重要意义。信息化 2.0 时代的到来对教师及师范生开发和应用信息化教学资源提出了更高的要求，要求其能在科学理论的引领下，依托新的信息化教学环境，应用新的教学模式及策略，设计并使用新的教学资源。基于此，本教材立足现实，结合新时代对教师和师范生提出的新要求，系统地阐述信息化教学资源开发与应用的理论基础以及信息化教学资源的开发与应用方法。此教材既可以作为中小学教师提升信息化教学素养的工具用书，也可以作为师范生发展信息化教学能力的参考教材。

本教材紧紧围绕“实用性”进行设计、撰写，包括理念篇与开发篇，相互呼应，对信息化教学资源的开发与应用进行阐述，目的是让学习者在对相关理念有一定理解后再进行实践操作。理念篇共四章。第一章主要对信息化教学资源的基础知识进行概述，包括信息化教学资源的分类、获取以及信息化教学资源库的建设等知识；第二章介绍信息化教学资源开发的历程、原则以及信息化教学自由设计的原理以及开发步骤；第三章进一步阐述信息化教学资源的应用原则，以及利用信息化教学资源进行教学设计的主题教学模式和协作学习模式；第四章介绍信息技术与课程整合的内容、思路以及信息技术与课堂整合背景下的学习方式，为学习者学习信息化教学资源的开发奠定一定的理论基础。开发篇共三章，对包括多媒体课件、专题学习网站、AR（VR）课程、微课在内的四种信息化教学资源的设计、开发流程和方法进行介绍，方便学习者学以致用。本教材的每一章都力求以科学、系统的方式呈现，为学习者提供实用的、可结构化的知识体系，促进学习者对信息化教学资源开发与应用相关知识点的理解。

本教材由曹育红教授和邓文新教授主编并负责全书统筹，从整体上规划写作思路并审定全书。郑荣负责整体编写，黎洁莹（负责本教材中与多媒体课件以及专题学习网站相关部分）及杨雨欣（负责本教材中与 VR、AR 课程以及微课相关部分）通过搜索、整理大量相关文献和资料，协同完成本教材的编纂工作。

本教材为“双师型”教师培养的教育硕士培养体系改革研究的研究成果，受高水平“双师型”教育硕士培养体系建设工程资助。

本书在编写过程中参考并引用了国内外文献与网站资料，在此谨对相关作者表示感谢。同时真诚感谢武汉大学出版社对本教材出版的大力支持。限于编者水平，书中难免存在疏忽和不妥之处，恳请各位专家、同行及广大读者批评指正。

编 者

2022 年 4 月于广州

目　　录

理　念　篇

开 发 篇

理念篇

第一章　信息化教学资源

第一节　教学资源概述

一、教学资源内涵概述

教学资源是指能为教学的有效开展而提供的素材和可利用的条件等，是有利于教师的教学和学生的学习的各种资源的集合。它可以帮助学习者基于其自主学习能力和已有的知识经验，积极主动地学习知识、获取知识，从而体现其教育价值，提高教学质量。

美国教育传播与技术协会（简称 AECT）在 1977 年曾经认为教学资源包括设计的资源和利用的资源。设计的资源，是指为教学目的而专门预备的资源。利用的资源，是指本来非为教学而专门设计，但被发现可为教学服务的资源。无论是设计的资源还是利用的资源，它们都可被用作教学系统的组成部分。

AECT 在 1994 年对教学资源定义的界定范围有所修改，指出教学资源主要包括教学材料、教学环境及教学支持系统。由此可以看出，资源的概念范畴已被大大缩小，一方面是因为 AECT 在 1994 年将教育技术改为教学技术，研究范围也相应地缩小了；另一方面是将有些成分归到教学过程中去考虑，如教学人员被视为学习过程中的要素。

教学资源有广义和狭义之分。广义的教学资源是指为教学服务的人和物以及各种相关的教育政策和规定，还包括非生命的实物和信息等内容在内的所有能够被教学者利用的要素，它是物质的、校内的、有形的，也是精神的、校外的、无形的，既包括直观教具、多媒体等，也包括教师的教学形象和智慧才能、班级风气和学习氛围、人际关系等。狭义的教学资源是指包含教学材料、教学环境及教学系统等在内的能够提供教学信息的资源集合，具体指通过提供各种可被利用的资源，如图书、投影仪、案例、课件、图片，网络上的各种音频、视频、动画，以及人工智能、VR、AR、机器人等新兴教学资源，达到有效开展教学活动的目的。它是为教学而设计出来的支持教师的教和学生的学的资源，在载体形式上，包括计算机、电视、幻灯片、投影等，也包括模型、标本、挂物、实物、资源库等；在表现形式上，包括文本、音频、视频、数字软件等；在内容上，包括课堂实录及评析、专题学习、演示实验或应用实例、试题或例题分析、优秀教学设计、知识背景材料、新的教育教学及其评价理论与方法等。

二、教育技术与教学资源的关系

AECT 认为教育技术是通过对学习和教学相关的过程与资源进行策略设计、管理和实施以促进学习和提高绩效的研究以及符合伦理道德的最佳实践。教育技术不是一般意义上的某种教学方法的应用，它包含三种概念（学习者为中心、依靠资源、运用系统方法）并综合应用于教育、教学的理论与实践。教育技术重视分析、研究学习者的特点（如行为水平、能力、知识基础、年龄特征等），因为学习者的情况对于选择目标、确定步调、确定评价性质等许多教育决策都会产生直接影响。教学资源能为教学的有效开展提供素材和各种可以被利用的条件，教育技术为研发教学资源提供了可能，而研发教学资源的需要也可能促进教育技术的发展。

自从 20 世纪 30 年代视听教育兴起以来，媒体的种类越来越多，应用也越来越广泛，教育观念也发生了变化。教师起初被看成信息源，媒体只起单向传递作用，把知识传输给学生，学生处于被动学习状态；到 70 年代，人们认识到学生是学习活动的主体，媒体成为师生相互沟通的中介物，师生之间产生了更多的交流；到了 80 年代，学习心理学的发展推动了教育技术的进步，媒体再也不仅仅是传递信息的“通道”，而是构成认知活动的实践空间和实践领域，人们更加注意和关心媒体环境；到了 90 年代，人们认识到教育技术是对与学习有关的过程和资源进行设计、开发、运用、管理和评价的理论和实践，教学资源已经被提到了非常重要的地位。关心教学资源建设，加强对教学资源的认识和研究成为极其迫切的任务。随着当代社会的发展，教学资源日渐信息化，而教育技术又为教学资源的开发提供了支撑和帮助，因此，两者是息息相关的。

三、教学资源的分类

AECT 曾经把教学资源分为两大类：设计的资源和利用的资源，随后在 1994 年对教学资源的界定有所修改，主要包括教学材料、教学环境及教学支持系统。

教学资源，通俗地说，是指一切可以帮助学生达成学习目标的物化的、显性的或隐性的，可以为学生的学习服务的教学组成要素。比如，教材是学习中物化了的资源，但教材只是教师指导学生学习的可资利用的材料，必须经过教师的二次加工，必须结合学生的特点，进行科学合理的开发利用。又如，作为教学中的媒体要素，计算机也是一种资源，如何将计算机与新课程进行整合，充分发挥现代信息技术对新课程的支持，不仅反映了教师的教学水平，也反映了教师对现代信息技术的驾驭能力。学习情境则是要靠教师创造性地创设的教学组成要素，良好的学习情境将有利于学生事半功倍地学习。

传统的图书馆、资料中心等学习资源环境已不能适应信息时代中知识的日新月异的变化。网络技术的发展、互联网的出现，为人类提供了最为广泛的教学资源。网上的教育资源形式多样、种类繁多，了解教育资源的分类及其特点，将有利于我们高效地获取资源，以及更好地在实际教学中利用这些资源。

因此，除了教学材料、支持系统、教学环境等组成部分之外，教学资源还应包括蕴含大量的教育信息、能创造出一定教育价值的各类信息化资源。

1. 教学材料

教学材料是指以实物形态存在的承载教学内容的载体，包括学生和教师在学习与教学过程中所需要的各种教具、课本、教学软件、补充材料、课程内容等。

2. 支持系统

支持系统主要指支持学习者有效学习的内外部条件，包括学习能量的支持、设备的支持、信息的支持、人员的支持等。支持系统作为资源的内容与学习者沟通的途径，实现了媒介的功能。它与资源的组成相关联，源于认识学习资源概念的结构性视角。

3. 教学环境

教学环境不仅指教学过程发生的地点，更重要的是包括学习者与教学材料、支持系统在交流的过程中所形成的氛围，其最主要的特征在于交互方式以及由此带来的交流效果。教学环境是学习者运用资源开展学习的具体情境，体现了资源组成诸要素之间的相互作用，是认识学习资源概念的关系性视角。

第二节 信息化教学资源概述

一、信息化教学资源的定义

随着信息技术的发展，各类教学媒体也在不断推陈出新，日趋多媒体化和网络化，形态也越来越丰富，从而形成了具有信息时代特色的信息化教学资源。而信息化教学资源其实是教学资源的一个子集。一般来说，信息化教学资源可以从广义和狭义两个角度去界定。从广义的角度来讲，“资源”，顾名思义，是一切可被人类开发和利用的物资、能量和信息的总称。信息化教学资源就是指用于信息化教学过程中并能帮助师生达到教学目的的一切资源。从狭义的角度来讲，信息化教学资源主要是指数字化的信息资源。

综合广义和狭义的定义，通常认为，“信息化教学资源”属于信息资源的范畴，是从狭义上理解的一种特殊的信息资源，是经过选取、组织而使之有序化的，能促进学习者发展的有用信息的集合。它包括数字视频、数字音频、多媒体软件、CD-ROM、网站、电子邮件、在线学习管理系统、计算机模拟、在线讨论、数据文件、数据库等。它能够激发学生通过自主、合作、创造的方式来寻找和处理信息，从而使数字化学习成为可能。信息化教学资源是随着以计算机多媒体技术、网络通信技术为核心的信息技术在教育教学领域的普及应用而出现的，现今已成为教学资源的一种重要形式。

信息化教学资源是数字化学习的关键要素，它可以通过教师开发、学生创作、市场购买、网络下载等方式获取。信息化教学资源具有切合实际、即时可信、可用于多层次探究、可操纵处理、富有创造性等特点。

二、信息化教学资源的特征

（一）数字化

数字化是计算机数据处理和网络传播的本质特征。信息化教学资源的数字化特点表现在多个层面上。首先是存储形式的数字化。在当今世界，各行各业的信息处理趋于数字化，由计算机和计算机网络构成的信息处理系统和信息传输系统已将世界的各个角落连接起来，人们进行信息处理、加工、传输等操作，都是以数字化方式进行的。信息化教学资源是存储在计算机中的资源，所以，它们的存储形式与一般资源的存储形式不同。即使展现在人们眼前的是视频、动画，但它们在计算机中都是以二进制的数据形式存在的——采用了数字化存储方式，就可以利用计算机的数字转换和压缩技术，对图、文、声、像等各种教学信息实现实时的处理和储存，既方便学习，增加信息容量，又能够提高信息处理和存储的可靠性。其次是编辑和加工数字化。信息化教学资源在编辑加工中融入数字化技术，提高了资源编辑、加工的速度和质量。此外，信息化教学资源的数字化特点还表现为传输模式的数字化。就目前来看，信息化教学资源都可以通过国际互联网进行传播，传输速度较快。特别是各级教育网络的建立，使教学信息传递的形式以及速度、距离、范围等发生了巨大变化，从而为网络教育、远程教育、虚拟实验室等新的教育形式的产生和发展奠定了基础。正如构成物质世界的基本单元是原子一样，计算机处理的数据是以 0 和 1 两种状态存在的比特，无论是形式多样的图像，还是悦耳动听的声音，归根到底都是通过 0 和 1 这两个数字信号的不同排列组合来表达。这使得信息第一次不仅在内容上，而且在形式上获得了同一性。

（二）多样性

信息化教学资源的多样性是指资源种类的多样化和丰富化。信息化教学资源通常是多种媒体的组合，各种视觉媒体、听觉媒体等被整合、加工并运用于学习和教学中。目前，多媒体计算机能够处理的信息资源的种类、范围都有所扩大，不仅仅局限于原来的数据、文本或单一的语音、图像，而是综合利用图像、音频、视频等多种信息形式来表达思想。随着教学信息化程度的提高和现代教育环境系统工程的建立，现代教材体系也逐步成套化、系列化、多媒体化，使得人们能根据不同的条件、不同的目的、不同的阶段，自主有效地选用对应的学习资源，为教育社会化、终身化提供了保障。

网络课件通过网络可传送多种多媒体教学信息，如文字、声音、视频、动画等，不但打破了传统教育中教学信息单一的局面，而且极大地丰富了教学资源的种类，满足了不同层次的学习者对学习的需求。同时，网络课件在信息传送方面非常迅捷，能够快速、丰富地反映当今的最新的教学内容，且不拘泥地域、学校、专业的限制；可以通过模拟图书馆或教学资料库的形式，收集大量相关的专业资料，反映学科最新的发展动态，提供统一的教学内容，学习者可以及时获得适合自己的教学资源，如最新的教学大纲、教学资料、网络教程、教学软件、参考文献、全国各地教育管理部门的各种教育政策、措施、研究项目、网络期刊、各种印刷物以及各种动态信息，如新闻、会议通知、消息等。

（三）交互性

交互性是信息技术的关键特征。它可以帮助使用者更有效地控制和使用信息，增强对信息的理解。目前，很多教学资源都具有一定的交互功能，师生能够通过人机对话来自主地进行学习复习、模拟实验、自我测试等，并通过实时反馈，为开展探究型学习创设了有利条件。在传统教学中，师生虽可进行同步交流活动，但受到时间、地点的限制。在信息技术环境下，网络资源改变了以往书籍报刊等印刷品以及广播电视等电子信息的单向传递方式，也不同于电话的必须同步的双向交流方式，利用网络工具进行教与学，打破了时空界限，学习者可以用同步或不同步的方式进行学习，教师与学生、学生与学生之间可以利用文字、声音、视频等媒体，进行双向和多向信息交流。

（四）开放性

网络的飞速发展，使得人类共同生活的地球变成地球村。因此，教学资源也具有了前所未有的开放性。换句话说，其开放性主要表现在，教学资源完全打破了传统的或者说物理上的空间概念。从北京到上海与从北京到纽约的距离，在网络上是一样的，真实的地理隔离不存在了，网络上的教学资源可以随用随取。因此，利用网络通信技术，学生和教师可以获取全球的优秀教学资源并进行整合、加工，运用到学习和教学中。

（五）可扩展性

传统教学资源的可加工性比较弱，且不易推广应用，如教学挂图等，很难进行再加工。信息化教学资源具有较大的可扩展性，学习者可在现有资源的基础上进行横向扩展和纵向精加工，以满足不同学习者或同一学习者在不同时期的学习需要。学生和教师可以在原有教学资源的基础上进行补充并扩展，以适应不同环境的学习和教学的需要。

（六）灵活性

网络打破了传统教学资源在使用中的时空瓶颈，学习者在学习时可以自由选择课程、教师以及学习进度和学习时间，还可以从网上查询自己想学的课程和资料，同时学习者在网上学习既可以是实时的，即异地的教师与学习者在同一时间进行教学活动；也可以是非实时的，即教师预先将教学内容及相关要求存放在服务器中，学习者根据自己的时间安排，在网上下载资料自主进行学习。只要有网络的地方，都可以成为学习场所。同时学习者还可以通过网络向教师提出问题或和其他学生进行讨论。

第三节　信息化教学资源的分类

信息化教学资源的分类方式多种多样，基于不同的分类标准会有不同的分类方式。首先，从学科角度进行分类，可以分为语文、数学、英语、物理、化学、历史、地理、生物、政治等学科教学资源；其次，从语种角度进行分类，可以分为中文、英语、法语、俄语等不同语种的教学资源；此外，从资源的作用角度进行分类，可以分为课件、模拟演示、教案、操作与练习等。

根据《CELTS-31：教育资源建设技术规范》中的相关内容，我国目前可建设的信息化教学资源主要包括九大类，分别是媒体素材、试题库、试卷、课件与网络课件、案例、文献资料、常见问题解答、资源目录索引和网络课程。另外，还可根据实际需求，增加其他类型的资源，如电子图书、工具软件和影片等。

从信息技术的角度看，可以把教学资源分为素材性教学资源、集成型教学资源、网络型教学资源三大类。本书讨论的信息化教学资源也以此分类为主。

一、素材性教学资源

素材性教学资源是教学信息传播的基本材料单元，可分为文字资源、图形/图像资源、音频资源、动画资源和视频资源五大类。

（一）文字资源

文字是进行信息交流的一种重要手段，它的根本作用是传递和承载信息。它其实是记录思想、交流思想或承载语言的图像或符号。在日常生活中，文字随处可见，如报纸、杂志、书刊、网络上的各种文章等。在教与学的过程中，教材、教案、课后练习册等教学资料主要以文字形式进行传播。在网络信息传播中使用文字时，不仅有字体、字号、颜色的变化，而且还有新的拓展，因此一般用“文本”这个词来代表网络上的“文字”，具体指书面语言的表现形式。

（二）图形/图像资源

图形是教与学过程中比较特殊的一种资源。因其比较抽象，所以在传播中承载的信息量较少。图形具有数据量小、不易失真的特点，在多媒体教学和网络传播中应用较多。从最终的呈现效果来看，图形和静态图像没有太大区别。

图像也是一种较特殊的教学资源。在信息技术环境下所使用的图像，与报纸、杂志和电视上使用的图像相比，有如下特点。

1. 信息量大

信息技术环境下所用的图片，色彩比较丰富，有层次感，可以真实地重现生活环境（如照片），因此其承载的信息量较大。一般情况下，人们会用数字技术把图片压缩并存储在服务器中。

2. 可编辑性强

报纸、杂志上刊登的图片，其大小是固定的、不能变动的，受众更不能对图片进行编辑。而在信息技术环境下所使用的图片，受众可以通过点击等操作将图片放大或者缩小，也可以用专门的软件对其进行编辑和修改，或在图片上添加信息。

3. 选择性强

静态图像非常逼真、生动、形象，可以提供较高质量的感知材料。在当代信息技术发展的支持下，甚至还有动态图片可供选择，相对静态图片来说，它能传达的信息更多。因此，受众在通过图片来获取信息时，可根据自己的需要和爱好来挑选图片，并保存在自己的计算机上，或者将图片打印出来，便于欣赏。

（三）音频资源

音频即声音。音频包括波形音频、CD-DA 音频和 MIDI 音频。波形音频是记录声音的最直接形式，对记录和播放的环境要求不高，因此在媒体教学软件中应用最多，缺点是数据量比较大。CD-DA 音频又称为数字音频光盘，符合高质量立体声的国际标准。MIDI 音频的播放需要借助解码器，因此对环境要求较高，但由于其数据量比较小，非常适合在呈现背景音乐的场合使用。

音频的作用在于限定和解释信息，在教学中如果应用得当，不仅能用于传递教学信息，调动学生接受知识的积极性，还有利于使学生集中注意力，陶冶学生的情操，激发学生学习的潜力。对于语言学习来说，音频更是必不可少的。

（四）动画资源

动画是一种综合艺术，具有富有吸引力的表现形式，在增进教学的表现力和可视化方面，动画的优势较突出，因此也成为数字资源开发的重要元素。动画是对事物运动、变化过程的模拟，是通过连续播放一系列画面，造成连续性的视觉变化。它的基本原理与电影、电视一样。一般来说，用于传递信息的动画都需要借助专门的工具进行制作。这些动画，按动作的表现形式来区分，大致分为接近自然动作的“完善动画”和采用简化、夸张形式的“局限动画”；如果从空间的视觉效果上看，又可分为平面动画和三维动画；从播放效果上看，还可以分为顺序动画（连续动作）和交互式动画（反复动作）；从每秒播放的幅数来讲，还有全动画和半动画之分。

动画在制作过程中，大多忽略了事物运动、变化过程中的次要因素，突出强化了其本质要素，因此，它有利于描述事物运动变化过程。此外，经过创造性设计的动画生动、有趣，有利于激发学习者的学习兴趣和积极性。

（五）视频资源

与动画媒体相比，视频的信息量较大，具有更强烈的感染力。它是对现实世界的真实记录，能表现事物的细节。通常情况下，视频采用声像复合格式，即在呈现事物图像的同时，伴有解说或背景音乐。当然，视频在呈现色彩丰富的画面时，也可能会传递大量的无关信息，如果不加以鉴别，可能会干扰学生的学习。

二、集成型教学资源

集成型教学资源是一种复合型的资源，一般是根据特定的教学目的和应用目的，将多媒体素材和资源进行有效组织而形成的。按照这些资源的实际应用形态，又可以分为以下类别：试题库、试卷、案例、文献资料、教育游戏、资源目录索引、教育专题网站等。下面就常用的集成型教学资源做简单介绍。

1. 试题库

试题库是按照不同的学科门类以及其内在联系，将不同的试题分门别类地汇集起来，为特定学科知识和技能测试提供备选试题的一种系统资源。它是按照一定的教学测量理论，在计算机系统中实现的某个学科题目的集合，是在数学模型基础上建立起来的教育测量工具。

2. 试卷

试卷是用于进行多种类型测试的典型成套试题，是用于检测学习者学习情况而设定在规定时间内完成的试题集，同时也可以是资格考试中用来检验考生相关知识或能力以便进行人才筛选的工具。

3. 课件

课件是用于对一个或几个知识点实施相对完整的教学的教育教学软件，是根据教学大纲的要求，经过确定教学目标、分析教学内容和任务、设计教学活动结构及界面等环节而制作的课程软件。它与课程内容有着直接联系。所谓多媒体课件是根据教学大纲的要求和教学的需要，经过严格的教学设计，并以多种媒体表现方式和超文本结构制作而成的课程软件。

4. 案例

案例是指由各种媒体元素组合表现的、具有现实指导意义和教学意义的代表性事件或现象。它是从人们所经历的事件中有意截取的部分，对于人们的学习、研究、生活等方面具有重要的借鉴意义。

5. 文献资料

文献是记录、积累、传播和继承知识的最有效手段，是人类在社会活动中获取情报的最基本、最主要的来源，也是交流传播情报的最基本手段。在教育活动中，文献资料是指与教育相关的政策、法规、条例、规章制度，以及对重大事件的记录、重要文章、书籍等。

6. 常见问题解答

常见问题解答是指针对某一具体领域中最常出现的问题给出的较全面的解答。

7. 资源目录索引

资源目录索引，顾名思义就是将资源分门别类地存放在相应的目录中，用户在查询资源时，可选择关键词来搜索，也可按分类目录逐层查找。它包括教育领域中相关的网络资源地址链接和非网络资源的索引。

三、网络型教学资源

（一）网络型教学资源概述

随着计算机网络技术的发展，其应用范围越来越广，促进了网络教育出现并取得了极大的成效，突破了传统教学方式的限制，丰富了教学资源的内涵。网络教学资源，顾名思义就是网络上的教学资源，也就是说，互联网上所有能够应用于教学，创造教育价值，促进教学发展的信息资源，都可以称为网络型教学资源。网络型教学资源具体指通过网络表现的某门学科的教学内容及实施的教学活动的综合记录，它包括两个组成部分：一是按一定的教学目标、教学策略组织起来的教学内容，二是网络教学支撑环境，包括支持网络、教学软件、教学资源以及在网络教学平台上实施的教学活动。网络型教学资源顺应终身学习的这一趋势，给人们随时获取新知识提供了便利和强有力的支持。

网络型教学资源是开展网络教育的前提和基础，随着网络教育的逐步拓展，网络型教学资源越来越丰富，对其有效管理成为开展网络教育的关键。它能为各类学习内容提供高效的存储管理，为使用者提供方便快捷的存取功能，为教学管理者提供资源访问、效果评价分析等，从而提高教学资源的利用率，促进教学资源更好地为实际教学系统服务。

（二）网络型教学资源分类

网络型教学资源按照资源的形态分类，可以分为教育环境资源、教育信息资源、教育人力资源；按照使用对象分类，可分为学习资源、科研资源、备课资源。其中，教师本身也是非常重要的人力资源，教师获取、识别、加工、处理、传递和创造信息的能力，以及在教学和科研过程中积累起来的经验、思想、实践模式等都是网络型教学资源的重要组成部分。

（三）网络型教学资源的特点

1. 网络资源的共享性

任何信息资源都有共享性，提供大量且可以共享的信息是网络资源的突出特点。网络的互联为每一个学习者提供了所需要的学习资源和学习环境。学习者可以通过网络随时访问学习资源，根据各自不同的需求查找所需知识并开展学习活动，从而达到提升个人文化素养、积累知识技能的目的。

2. 学习平台的互动性

利用网络型教学资源，师生、生生之间可以通过电子邮件、课程论坛、在线（离线）答疑、微信群、QQ 群等交流工具实现远距离的交流互动，发展双向或多向人机交互的网络教学新模式，能有效地提高学习兴趣，增强学习效果。

3. 媒体形式的多样性

网络型教学资源以计算机为核心，将文本、图形、动画、影像和声音等多种媒体形式有机地整合到一起，大多以超文本的形式呈现，图文并茂，生动有趣，形象逼真，使抽象事物形象化或半形象化，能够创造良好的学习体验。

4. 获取信息的便捷性

利用网络资源，学生可以不受时间和空间的限制，通过各种互联网设备与应用软件，如电脑、手机等，在相关学习平台上即可获得高质量的课程内容以及与之相关的辅助教学信息。

（四）网络型教学资源的优势

1. 提供丰富的教学资源

网络型教学资源的内容可以包含学历教育与非学历教育的各层次、各个专业所涵盖的知识，并以电子教案、音频、视频课件的形式存储于网络服务器中。不同层次、不同专业的师生都可以根据各自的需求来选择学习内容，便于人们自主学习。

2. 运用高科技手段展示表现内容

采用先进的网络技术和虚拟技术，可以将那些平日里很难观察到的宏观与微观世界的现象，直观地演示出来，有利于激发学习兴趣，促使学习者深入理解所学内容，提高学习效率，取得良好的学习效果。

3. 支持在线搜索，方便学习者探究

无论是本地文件查找，还是网络信息检索，使用专门软件能够方便、快速地找到所需的材料。

第四节　信息化教学资源的获取

一、信息化教学资源的获取途径

信息化教学资源的来源主要有三个途径：一是对现有的教学资源进行数字化改造，二是由师生创作的电子作品，三是由专业人员开发建设的教学资源。

（一）对现有的教学资源进行数字化改造

目前已有大量的媒体素材，但其表现方式各不相同，特性也不一样，为了能将这些素材存储在教学资源库并进行合理的应用，可进行有针对性的处理。

1. 文本素材类

如果是传统的文本素材，可以通过直接录入、利用 OCR 技术输入、语音识别、手写识别录入等方式将其转换为数字化素材，然后存储于教学资源库。对于数字化文本，只需进行简单的加工处理，即可录入教学资源库。

2. 图形/图像类素材

对于传统的图形/图像类素材，可以通过扫描仪、数码照相机等设备将其转换为数字图像、图形素材，然后用图形图像处理软件进行处理，再将其存储于教学资源库中；也可以通过一些截图软件进行截取并保存。

3. 音频素材

对于模拟音频，可以通过播放转录的方式将其数字化，或者通过音频采集设备进行采集并将其数字化，然后转存至教学资源库。

4. 视频素材

数字化的视频素材可直接存入教学资源库；非数字化的视频素材，可以通过视频采集设备进行采集并转换成数字资源，再存入教学资源库。

（二）师生创作的电子作品

师生创作的电子作品，内容丰富，如教学课件、图形、图像、音频、视频等，如果是非数字化的，则按照前述方法进行转换并存储；如果是数字化的，可直接存入教学资源库。

（三）专业人员开发建设的教学资源

由专业人员开发建设的资源是数字化教学资源的主要来源，它的开发和建设流程为：搜集各种形式的媒体素材，并对素材进行分类与描述→将零散的素材集结成为完整的教学资源单元→对资源内容建立索引→进行质量检查→当资源制作完成后，需要将全部数字化文件归档并存入资源库。

中小学自建资源库中教育资源的主要来源有互联网、各类教育光盘、电教资料和教师积累软件资料等。

第一，网上众多的教育网站是自建资源库重要的资料来源。尤其是一些有同步教学资源、内容优质的网站，如中央电教馆资源中心、国家教育资源公共服务平台、菁优网、百度智慧课堂等。

第二，各类教育光盘是由专业出版社出版的电子出版物，品种较多，如教育论文、多媒体课件等，而且比较权威。各科教参附的教学观摩光盘和教学课件光盘，都是教师和学校不可忽视的资料，我们可以选择一些适合学校实际情况的教育光盘，将其中的资源导入资源库。

第三，每所学校都积累了大量的电教资料，如微课、课堂实录和各种用于扩展学习的音像资料等。过去由于受学习场地和时间的限制，这些音像资料的利用率是比较低的，现在利用网络技术可以将这些音像资料转制成数字文件并加入资源库中，教师通过校园网就可以随时调用这些教学资料，学生也可以在个性化学习活动中随时使用这些资源。

第四，教育软件主要分为辅助教学软件和教学管理软件两大类，对于其中的一些资料性软件，可以将教育资料导入资源库。

第五，教学资源库的建设必须由全体教师共同完成。通常学科教师是这类资源建设的主力军，他们经过多媒体技术培训，掌握了计算机操作技能，再结合丰富的学科教学经验，可以制作出教学所需的各类课件。

二、网络教学资源的检索

（一）网络教学资源的检索途径

1. 专业网站或专题网站

随着信息技术的发展，人们对网络资源建设越来越重视，部分政府机构和社会组织着手开展教学资源网站的建设工作。这些教学资源网站作为信息化教学资源的重要传播源，受到了一线教师的高度关注。

教育部成立了基础教育资源中心，建立了国家基础教育资源网，实现了信息化教学资源共享，为基础教育提供了优质的教学资源。国家基础教育平台采用分布式管理，与国家基础教育资源库进行对接，能够快速、有效地检索教育资源库里的内容，有效地保证了资源共享。

一些机构和个人也建立了开放型资源库，如“智慧校园”资源互动平台、K12 教育云等。大部分网站主要提供综合性的教学资源，也有只提供某一学科教学资源的网站。总之，目前的互联网上存在着大量的信息化教学资源网站。

2. 搜索引擎

互联网上的信息浩如烟海，人们过滤和获取有关信息时需要使用优秀的搜索服务，将繁杂的内容整理成为可随心所用的信息。搜索引擎是用来查找明确信息的最佳手段。常用的搜索引擎有 Google、百度、搜狗等。如果希望找到特定的资源，首先应该明确主题词或专业术语，也就是“关键词”，然后选择搜索引擎，再通过网址登录某个搜索引擎的网站，在搜索栏中输入所选择的关键词并进行搜索，便可以找到所需的资源。

（二）信息化教学资源的搜索方法

网络信息搜索的方法大致可以分为两类：一类是有既定目标的查找，另一类是没有目标的查找，而后者往往是指网上“冲浪”，如图 1-1 所示。用户可以使用搜索引擎查找信息，不同类型的搜索引擎适用于不同的查找需要。一般来说，搜索引擎主要分为两大类，即传统的搜索引擎（包括根据主题和关键字进行搜索）和智能代理。选择的搜索引擎是否合适将决定是否能获得理想的搜索结果，所以，我们有必要了解搜索引擎的工作模式，包括引擎的索引源、如何利用索引源进行索引以及所用的语法规则等。如今已经进入信息时代，世界上的知识总量每 2~4 年就翻一番，互联网几乎成为人们最主要的信息来源。只有正确地利用搜索引擎这一功能强大的工具，才能在海量的内容里获得需要的信息和服务，才能尽可能地避免信息时代中的一个最紧迫的问题——信息过载。

在教育领域中，如何避免信息过载变得尤为重要。必须以一种新的方式教育年轻一代，使他们在将来能够熟练利用网络上的海量资源为学习和生活服务。由于互联网的发展非常迅速，而且比较复杂，教师在将互联网恰当地融入课堂教学

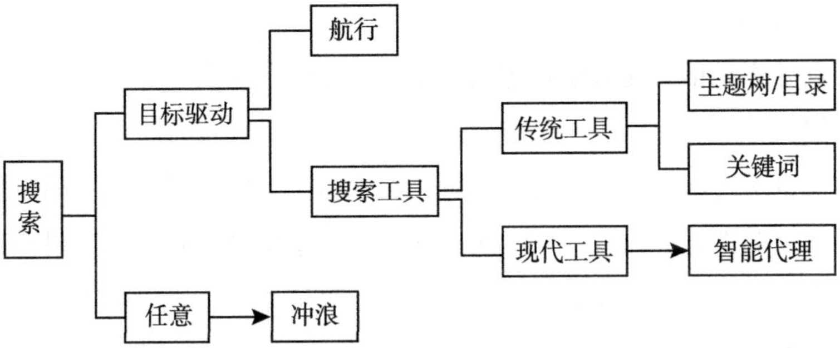

图 1-1　网络信息搜索方法比较

方面缺乏经验，不清楚通过网络究竟能够获得多少信息。另外，尽管低年级的学生能够熟练操作计算机，但是由于缺乏必要的背景信息，不能判断获得的各种信息的价值；而高年级的学生和教师一样，可能具备了必要的背景知识，但是缺乏使用互联网的经验和技能。这样就产生了三个方面问题：①互联网上的哪些资源可以服务于教育；②如何才能找到所需的信息化教学资源；③怎样确认所获得的信息化教学资源的可用性。

在信息化社会中，学习者能否占有信息、如何占有信息、占有信息的及时程度，是学习者的学习能否成功的关键。学习者确定自己的信息需求，是其获取信息以及加工信息的基础和前提。在信息化学习环境下，将信息技术作为信息获取的工具，是学习者发现与获取信息的良好途径，具体包括以下三个方面的内容：

1. 利用搜索引擎

通过搜索引擎，可以非常容易地查询和挖掘网络中的信息化教学资源。常用的网络搜索引擎主要有百度、Google、雅虎、搜狐、网易等。

2. 利用各种类型网站

目前，互联网上有各类各样的网站，包含各类行业网站、教育网站、专业网站、主题网站、资源网站、个人网站等，举不胜举。其中教育类的网站类型也十分丰富：①政府教育网站：中华人民共和国教育部、中国教育和科研计算机网；②基础教育网站：中国基础教育网、中国中小学信息技术教育网；③专业网站：中学语文、中国数学；④主题网站：数学奥林匹克俱乐部、鲁迅研究网、茅盾研究会、中国诗歌网；等等。

3. 利用地区或学校教育资源库

教育资源库是信息化教学资源的科学化、系统化集合。教育部非常重视教育资源库的建设，连续出台了相关政策与措施以推动教育资源库的建设进程。许多企业、学校也纷纷参与教育资源库建设，并取得了一定的成效。高质量教育资源库具有教学针对性强，内容科学、实用性高、冗余度低等特点，建设高质量教育资源库能有效避免资源重复开发，实现资源的高度共享，在学校教学和学生自主学习过程中发挥着重要的作用。在校园网络环境下，利用学校内部教学资源库或知名教育资源库镜像，学习者可以查找或搜寻所需的资源以解决问题。教育资源库也为教师提供了丰富的课堂教学内容，能帮助教师更好地实施与开展课堂教学，提升教学质量。

（三）信息化教学资源的检索方法

搜索引擎的主要功能为建立数据库，将杂乱无章的信息组织起来，建立有序的索引文档。常用的中文搜索引擎有百度、谷歌、雅虎、搜狐等。

1. 基础搜索功能

以百度搜索引擎（http：//www. baidu. com）为例，百度搜索简单方便，只需在搜索框内输入需要查询的内容，再敲回车键，或者鼠标点击搜索框右侧的“百度一下”按钮，就可以得到符合查询需求的网页内容。

2. 使用多个词语搜索

在搜索引擎中输入多个词语（不同字词之间用空格隔开），可以获得更精确的搜索结果。例如，想了解与华南师范大学网络教育相关的信息，在搜索框中输入“华南师范大学 网络教育”获得的搜索结果会比输入“华南师范大学”更准确。

3. 关键词搜索

关键词搜索是最基本也是最有效的技巧，即选择合适的关键词。选择关键词是一种经验积累，在一定程度上也有章可循：①表述准确；②主题关联性强、简练；③根据网页特征选择关键词。

4. 分类搜索

分类搜索是按照信息所属的类别进行逐层查找的方法。有许多网站会将网络资源进行加工整理，按照主题分类体系编制成层次结构式的目录，一级目录下有二级目录，二级目录下可能还有三级目录，等等，最后指向包含具体信息资源的链接地址。用户在目录体系的引导下，便可准确查找相关信息。

5. 网络资源下载

文件下载就是通过网络传输，把文件服务器中的文件保存到本地电脑上。借助下载软件，人们能够更加快速、方便地下载所需资源。常用的网络下载工具有迅雷、BT 下载软件等。

6. 索引工具

网络教育资源种类繁多，索引工具和导航系统非常关键。索引工具有关键词检索和主题检索等。关键词检索是让用户选择关键词进行检索，有些可提供全文检索，有些只能从文献的标题中检索。主题检索是让用户选择主题词进行检索，这种方式快捷高效，能够收集大量的教学信息，将所有与查询内容相关的信息检索出来。

（四）网络信息检索策略

信息检索策略是为实现检索目标而制定的、对检索全过程具有指导作用的整体计划、方案和安排，其中包括提问式分析、检索词及其关系的确定、检索步骤安排等。检索策略对整个检索过程会产生重要影响，并直接决定检索效率和检索质量。无论是普通用户，还是专业用户，掌握并运用有效网络信息检索策略，就能花费最少的时间、精力、金钱来获取最有用的信息。网络信息检索策略的制定方法如下：

1. 确定检索目标

网络信息的查询应该具有明确的查询目的和对象，目的不同、查询对象不同，往往需要选择不同的检索工具和检索方法。只有深入分析并了解检索对象，明确检索目标，才能更好地确定所需信息的类型、学科范围、内容特征、查询方式、查询范围、查询时间以及采用何种限制条件、使用何种检索提问式等。

2. 选择检索途径

通过对检索对象的分析，形成非常明确的检索目标后，就可以选择以下一种或综合使用几种检索途径来获取所需信息。

(1) 直接访问相关站点：在平时上网的过程中可注意收集一些专业网站的网址，在需要时可直接进入网站查询。

(2) 使用网络资源指南：网络资源指南是专业人员基于对网络信息资源的产生、传递与利用机制的了解，对网络信息资源分布状况的熟悉，以及对各种网络信息资源的采集、评价、过滤、控制和检索等手段的全面把握而开发出的，可供浏览和检索的，具有网络资源整合性的主题分类指南。

(3) 使用搜索引擎：这是较为常规、普遍的网络信息检索方法。根据用户提出的检索要求，如关键词、词组、自然语言等，搜索引擎代替用户在数据库中进行检索，并将检索结果提供给用户。利用搜索引擎检索的优点是省时省力，简单方便，检索速度快，范围广，能及时获取新增信息。其缺点在于搜索引擎采用计算机软件自动进行信息加工、处理，且检索的智能性不是很高，易导致检索的准确性不理想。

(4) 使用非万维网检索工具：对同一查询目标，应尽量选择多种检索工具，从不同的角度去检索，如进行“FTP 文件搜索”。

(5) 使用光盘数据库检索和国际连机检索：国内的光盘数据库有中国学术期刊（光盘版）万方数据库、人大复印资料系列光盘数据库等，可供查找较专业性的资料；国际联机检索 DILOG 系统，无论数据量还是使用频率均居世界各检索系统的首位，其检索软件成熟、学科范围广、数据质量可靠且权威性高。查询专业信息时使用光盘数据库和国际联机检索可以获得较为准确且全面的信息。

3. 运用检索技巧

无论使用搜索引擎还是非万维网检索工具进行信息检索，运用一定的检索技巧是非常必要的。

(1) 选择合适的检索词有利于提高检索的精确度、准确性，如选择专指词、特定概念或非常用词等。

(2) 构造恰当的检索提问式，如使用布尔逻辑运算中的“AND OR NOT”或使用双引号将需要检索的词组或短语标出。

(3) 使用加权检索限制必须出现的检索词和必须不出现的检索词，如利用同义词、近义词进行扩检，就同一检索提问来访问多个数据库。

(4) 全文检索使用 Opentext；概念查询使用 Excite；细节查询或强调获取较为具体、特定的信息时，则可使用 Altavista 等索引性较强的检索工具。

(5) 中文信息检索最好使用中文搜索引擎，并尽量使查询条件具体化，可根据需要选择网页搜索、网站搜索等方式。

(6) 寻求网上帮助。使用 BBS 电子公告牌、E-mail、QQ，或者访问专门回答问题的网站。

(7) 关闭 Internet Explorer 高级属性中的多媒体选项，采用纯文本传输以提高网络传输速度等。

第五节　信息化教学资源库的建设

一、信息化教学资源库概述

(一) 信息化教学资源库建设

分散、凌乱的资源经过简单归类、堆砌是不能形成“库”的。资源库必须系统有序地按层级归类，且具有检索与下载功能，让学习者在最短的时间内通过简单操作就可以找到自己想要的学习资源。资源库建设包含如下内容：一是软硬件环境。具有适当容量和速度的资源存储空间及服务器，能即时更新数据并定期备份数据；有线或无线网络设备并能进行云连接，便于移动学习和拓展学习；固定和移动学习终端，借助微信课堂、云课堂或雨课堂教学模式，让教学变得轻松、简单、高效。二是资源库建设与管理。对所有资源进行分类、整合，形成资源模块，并把它们按照一定规律排列组合在一起就形成了“库”，再进行友好的界面设计，教师和学习者访问资源库时就会一目了然。

教学资源库概念的提出至今有二十余年了。1998 年，教育部制定《面向 21 世纪教育振兴行动计划》，提出要重点建设全国远程教学资源库和若干个教育软件开发生产基地，自此揭开了我国教学资源库建设的序幕。2000 年，我国校园网建设掀起热潮，资源库建设被正式纳入议事日程。随着我国远程教育的迅速发展，许多企业意识到了资源库建设带来的巨大的市场潜力，纷纷参与资源库建设。然而，最初的教学资源库只是将多媒体课件中包含的内容进行简单的资源组合，未按严格的标准对资源库中的资源进行筛选和控制，使得其中的资源质量低，未能达到预期的使用效果。自 2000 年 5 月教育部现代远程教育资源建设委员会颁布《现代远程教育资源建设技术规范》后，建设者才开始按照该规范进行标准化教学资源库建设。近几年，一些开发者又提出将计算机智能、数据挖掘等信息技术手段融入资源库的开发，创建具有知识管理功能的教学资源库。

目前，教学资源库开发的重点从最初的内容开发转移到资源平台开发，以资源管理平台和资源应用平台两方面内容为主；在技术标准上也开始逐步与国家资源建设标准接轨，采用与国家资源技术标准统一的数据结构，同时也使用一些先进的开发技术，增强了新产品的兼容性。

信息化教学资源库的建设有四个层次的含义：第一层是素材类教学资源建设，主要包括媒体素材、试题、试卷、文献资料、课件与网络课件、案例、常见问题解答和资源目录索引；第二层是网络课程建设；第三层是对资源建设的评价；第四层是教育资源管理系统的开发。在这四个层次中，网络课程和素材类教学资源建设是基础和核心，第三层是对教学资源的评价和选择，第四层是工具的建设。

（二）信息化教学资源库发展的特点

纵观教学资源库的发展历程，可以总结出教学资源库的发展具有以下特点：

1. 建库理念向以服务为中心转变

教学资源库建设的最终目的是服务于教学。树立以“服务”为中心的开发理念，将是未来教学资源库的一大特征。在当前网络教育中，由于存在的种种弊端，人们对“服务意识”的呼声越来越高。资源库作为开展网络教育的基础，应在开发过程中不断加强这种意识。

2. 资源库建设越来越趋向智能化

分散零乱的资源给人们带来诸多不便，这些不便不仅表现为使用者的不便，同样表现为管理者的不便。目前人们对资源库的依赖程度还不太高。但随着人们对资源库认识的不断深化以及开发程度的不断增强，势必对资源库的建设提出更高的要求。只有将智能化的技术融入资源库开发中，才能满足用户不断增长的需求。智能化的教学资源库将为人们提供更加高效、方便、个性化的服务。

3. 资源库建设更加系统化、标准化和规范化

现有的教学资源库建设规范与标准的推广将极大地促进资源库开发的系统化、规范化和科学化。按照相同的标准开发建设的资源库系统，能够方便地实现数据资源交换与共享，有效地解决资源库扩展问题。

4. 资源库建设更趋向协作式开发

与用户需求脱节是现有资源库存在的一个普遍问题。为使所开发的教学资源库得到更广泛的用户接受，与用户协同开发无疑是一种非常有效的解决方式。通过网上交流平台，开发者可以适时了解用户的需求，同时用户，特别是具有丰富教学经验的教师也可以通过资源发布平台便捷地将自己制作的资源发布到网上，这对教学资源库的内容将是很好的扩充。

5. 资源库建设更加普及化、特色化

在信息时代，我国各级各类学校的教学方式和学生的学习方式发生了很大的变化。数字化教学资源已得到了越来越多的应用。开发更多的教学资源库将是未来教学和学习所必需的。因此，教学资源库开发的普及化将是形势所趋。与此同时，应将信息技术教育融入资源库应用中，以提高用户的信息技术能力，使教师能顺利使用各种技术或工具对一些有用、好用的教学素材进行创造性、个性化和智能化的组合，设计出大量富有创意的多媒体教学资源。

二、信息化教学资源库建设的意义

信息化教学资源库建设是一项功在当代、利在千秋的工程。其意义体现在以下几个方面：

第一，信息化教学资源库建设是教育信息化的重要组成部分。教育信息化是指在教育过程中，较全面地应用以计算机多媒体和网络通信为基础的现代化信息技术，促进教育的全面改革，使之适应正在到来的信息化社会对教育发展的新要求。教育信息化建设是一个关系着整个教育改革和教育现代化的系统工程，它包括信息化基础设施及硬件环境建设、教育教学资源库建设、信息化人才培养和培训以及信息化政策、法规和标准制定。其中，教学资源库建设是教育信息化的基

础，教学资源库的建设质量在很大程度上决定了信息技术与各学科教学整合的水平，即教育信息化的水平。

第二，信息化教学资源库建设促进了教育观念的更新。信息化教学资源库建设能为学生提供网状的信息环境和丰富生动的多媒体世界，打破了学生传统思维的线性逻辑，促进了非线性思维观的发展，提供了多样化的学习方式和跨学科、跨文化的交流，同时，丰富的教学资源使学生接受知识的范围大大拓宽，改变了人们接受教育的形式，促进了自我教育观与开放式学习观的传播与实践。此外，信息化教学资源网络可以成为人们终身学习的课堂，使传统教育面临严峻的挑战，推动了终身教育创新发展。

第三，信息化教学资源库建设促进了教学模式的重塑。信息化教学资源库的建立与使用，提高了资源利用率。资源库建设，要规划好资源库运行的软硬件环境、设计好教学和学习平台，着力在资源的制作、整合、开发上下功夫，有利于提高教学质量是关键，知识点的有效融合、知识性与趣味性的兼顾等都是资源设计者要考虑的重要方面。做到人人接受信息化理念、人人参与信息化建设、人人使用信息化方式、人人享受信息化建设成果，信息化教学资源库的作用就会得到有效发挥，就能达到全面提高教育教学质量的目的。

三、信息化教学资源库建设的原则

专业教学资源库建设是一项系统工程，要构建适应信息化技术发展要求、满足多方需求又符合学校实际的教学资源库，做到教学资源的有效整合，应遵循以下基本原则：

一是教学性原则。教学资源库的建设是为教师的教与学习者的学服务的，首先应考虑的就是其目的性问题，具体指资源库建设的教学性问题。

教学资源库建设的根本目标是推进教育改革，使教育符合现代社会发展的需求，提高教育教学质量。因此，在建设资源库时，要根据教学设计对各种资源进行选择与处理，强调“质”，使资源有用、适用，还要“瘦身”。同时，必须支持创造性教学和探究性学习，建构生动科学、多向互动的教学环境，把教师从繁重的重复性劳动中解放出来，把学生从灌输式教育和题海中解救出来，充分激发教师和学生两个主体的创造性。

二是科学性原则。资源库建设必须重视科学性。无论是引导学生学习自然科学还是人文科学，或者培养自主探究和创新的能力，都离不开“科学”两个字。教学资源库的建设，要在允许误差的范围内准确地表述知识的内容。这是教学资源与一般娱乐性、游戏性资源的重要区别。

资源库建设应能正确反映科学知识原理和现代科学技术，并要做到生动活泼、喜闻乐见的形式与科学、健康内容的统一，克服以往不少教学活动仅仅“一张嘴、一支笔”的情况，且必须摒弃缺乏科学性的资源。

三是先进性原则。首先是教育理念的先进性。因为除了知识的科学性之外，教学逻辑模型是否符合教学规律，是否符合学生的认识规律，也体现出先进性的问题。当前的某些资源库还在重复以往教学中存在的落后理念，如不能体现“教师为主导、学生为主体的双主体模式”，不能培养学生通过观察获得信息和通过思考加工信息、建立概念和发现规律的能力。

其次，优秀的资源库可以发挥计算机的信息处理与图像输出功能，以生动的形象信息来揭示复杂的过程，从而在感觉与思维之间架起了桥梁，能有效激发学生的学习兴趣，提高学生的主动性、积极性。此外，使用科学的动态模拟技术和智能化技术，不仅能保证教育理念的先进性，也能保证资源库的标准化。

四是开放性原则。资源库建设目的在于服务教师的教和学习者的学，因此要确保资源库在任何时候，任何地方，任何师生都可以将自己的电子作品纳入其中。

五是完备性原则。资源库建设要提供全面的知识服务。优秀的资源库不仅能提供离散的信息，而且还能向教师和学生提供更高层次的“信息服务”，也就是“知识服务”。资源库提供给师生的不仅仅是收集到的信息，而应将收集到的信息进行简单的整合。

六是经济性原则。教学资源库建设是一项非常耗时耗力的工作，需要投人大量的人力、物力和财力。它既有前期的整理、开发等，还有后期的维护、更新和管理等工作。开发教学资源库时要经过精心的需求调查、设计，并能在开发过程中优化开发设计人员结构、资源组织管理结构等，尽量以最少的投入开发出高质量、高性能的教学资源库。

资源库的建设不可能一蹴而就或者一劳永逸，我们还提倡在资源库建设中坚持技术标准开放、研发机制开放的原则，防止夜郎自大和闭门造车。

四、信息化教学资源库建设的保证

在教育资源建设过程中有三个方面需要注意，一是重视开发网络化教育资源，二是重视提高网络资源的利用效率，三是致力于建设内容丰富、功能完备、面向服务的教育资源门户网站，以应用为目的，推动教育资源建设的可持续发展。在具体建设过程中，应着力解决资源标准化、资源门户与搜索、资源管理、资源共享等方面的问题。

（一）转变教学资源库的建设观念

资源建设最终是为教学服务的，优质的教育资源必须用于促进教学。在教育信息化进程中，信息技术的发展对教学思想、教学观念、教学目标的转变起到了较大的促进作用。网上学习、网上优质教育教学资源的应用，有效地变革着教师的教学方式和学生的学习方式。因此，教育资源建设的观念应该及时转变，以适应思想的进步，教育资源建设观与教育思想应该相互促进、共同发展。

（二）规范教学资源库的建设标准

“资源库建设，标准化先行。”所谓资源库建设的标准化就是使不同的建设者在进行资源库建设的过程中采取统一的标准与办法，并逐渐形成特定的模式，以此让资源能够更好地兼容、复制、扩展、交流和移植，从而实现真正意义的共享。

目前教育部颁布的《教育资源建设技术规范》具有一定的抽象性和通用性，只规定了各类资源的最低技术要求和核心标准，因此，在实施资源建设、开发具体的资源时，需要根据这一规范制定更加具体的资源建设标准及细节要求。

（三）加强资源建设者之间的沟通和交流

资源库建设只有依靠集体的力量，互通有无，才能建成比较系统和全面的资源库。建设者应该合理利用各自的优势，各大教育机构可以和一些教育资源开发厂商联合起来，在平行机构间建立合作关系，开发出符合教学需求、以应用为目的的优质数字化教育资源。

（四）加强软件和硬件资源的共享

加强软件和硬件资源建设一方面能实现资源的共享，另一方面又能发挥闲置设备的作用，各得其所。

（五）采用先进的技术，加强对教学资源库的管理与开发

针对目前资源集中存储、集中管理的现状，可以使用分布式存储，将资源分散存储在不同的、一定数目的节点上，以减轻统一管理的负担。还可以采取资源目录集中共享的方式，建立分散的分布式教育资源系统，这样既解决了资源共享问题，又兼顾了师资分布不均、资源共享中的版权问题和资源的即时维护与动态更新问题。

教学资源库建设是一项复杂、细致的工作，不仅要保证其科学性，而且要能够较好地满足教与学的需求，需要加强对教学资源的管理与开发。

首先，要成立专门的管理团队。信息化教学资源库的建设和管理必须有专门的管理团队。在教学资源库的建设过程中存在着许多问题，如各部门的联系、各种资源的搜集、界面的设计、程序的设计、内容的整体把关，资料的电子化转换等，这些问题的解决需要一个集分工、合作、开发、管理于一体的组织。科学合理地组建管理团队，是教学资源库顺利开发的关键。其次，要选择良好的资源开发模式。一般会应用两种开发模式：以客户浏器模式开发或以客户服务器模式开发。客户浏览器模式只需要用户知道资源服务器的地址，就可以如正常上网一样浏览共享资源；而客户服务器模式需要分别编写客户端和服务器端，同时还要求客户会安装客户端程序，可能会给用户的使用带来不便。因此，建议开发者尽量以客户浏览器模式进行开发，例如，按专题建立网站，以 Web 教材形式对专题研究方法进行指导，这种网站既可以作为课堂教学的辅助，又可延伸到课外，让学生自主学习（课本相关素材资料、课外阅读）。

（六）以校园网为依托，建立高效、功能完备的资源系统

如今各级各类学校已基本拥有自建的校园网络。充分发挥校园网的功能和优

势，是教学资源库建设应考虑的基本要素之一。学校应建立一个高效、功能完备的资源系统，特别是建立起一个以校园网网站搜索为主的参考资料收集、查询系统，提高信息的收集加工能力，有效地整合网络资源，形成快速、高效的专题资料库。

（七）组建优秀的开发小组

教学资源库系统的开发不能由一个人来承担，需要组建一个分工合理且优秀的开发小组。这个开发小组中应包含一线的各学科教学骨干、程序开发人员、美术设计人员等多方面的人才，共同研究，共同探讨。例如，可以要求各科目老师按照科目将自己开发的课件存储于网络服务器中的相对分类位置，一定时间后再组织专家进行筛选、评定或整合，挑选出优秀课件。

（八）加强教师培训，提高教师信息素养

提高教师的信息意识和教师信息素养是推动信息化教学的关键，同时也是教学资源库开发与应用的根本要求。因此，要完善教师培养体系，提升教师的信息技术水平，提高教师的信息素养，要帮助教师熟悉信息资源的特点和组织方式，以及实现教学资源共享的途径和方法等，让他们踊跃地参与到这一进程中来。

第二章　信息化教学资源开发

第一节　信息化教学资源的开发历程

一、信息化教学资源开发的历史

信息化教学资源的开发历程与我国基础教育信息化发展阶段息息相关。可以说，随着教育信息化的发展，教学资源开发的重点和目的也在与时俱进地变化。

信息化是将信息作为构成某一系统、某一领域的基本要素，并对该系统该领域中信息的生成、分析、处理、传递和利用所进行的有意义活动的总称。信息化社会的高度发展，要求教育必须改革，以满足培养面向信息化社会的创新人才的需求。

教育信息化是将信息作为教育系统的一种基本构成要素，并在教育的各个领域中广泛地利用信息技术，推动教育现代化的进程。20 世纪 70 年代末到 80 年代初，我国信息化发展水平还不高，教师除了上信息技术课程之外，很少会利用信息化设备来开发教学资源。此阶段的重点是让学生掌握信息技术。

20 世纪 80 年代后期到 90 年代中期，教育信息化这个概念才被真正提出。据悉，教育信息化的概念是在 20 世纪 90 年代伴随着信息高速公路的兴建而提出来的。1993 年 9 月，美国正式提出建设“国家信息基础设施”，俗称“信息高速公路”计划，提出发展以互联网为核心的综合化信息服务体系，推进信息技术在社会各领域的广泛应用，特别是把信息技术在教育中的应用作为实施面向21世纪教育改革的重要途径。我国于1989年正式颁布了《国家教育管理信息系统总体规划纲要》，1993年开始着手建立中国教育和科研计算机网。这些都为信息化教学资源开发打下了基础。在此阶段，计算机多用于辅助开发教学软件、课件等，此时计算机技术与基础教育开始相结合并表现出以下特征：①教学软件类型向组件、积件发展；②教学平台向素材型、工具型、平台型方向发展；③计算机辅助教学向强调学生主体性的课程融合发展；④由教师自己开发课件发展为教师整合利用各种资源；⑤建构主义教学模式成为课程融合的理论基础。

20世纪90年代中后期到当代，网络教育、网络资源建设开始兴起。多媒体教室与校园网的兴建为信息化教学资源的传播提供了物质基础。2000年我国开始普及信息技术教育和全面实施“校校通”工程。随着信息技术的发展，网上教学资源库的开发、基于网络的教学模式的开发以及基于网络的研究性学习、远程教学模式等发展得如火如荼。

经过多年的努力，我国的教育信息化建设从无到有、从弱到强，发展速度逐渐加快，开发的信息化教学资源的种类也呈现日益丰富的趋势。多媒体课件、微课、AR与VR课程、专题网站等新的紧跟时代趋势的信息化教学资源如雨后春笋般出现（见表2-1）。

表2-1 **我国基础教育信息化发展的三个阶段**

阶段/时间	重点/目的/口号	运行方式	热点领域
第一阶段：20世纪70年代末—80年代初	计算机学科教学/让学生掌握信息技术相关的基础知识和技能/“程序设计是第二文化”	开课年级从高中、初中、再到小学；课程形式从选修课到必修课；课程内容起初主要是程序设计，后来增加了应用软件的操作与使用；课程名称由计算机课变成“信息技术课程”	信息技术课程

续表

阶段/时间	重点/目的/口号	运行方式	热点领域
第二阶段：20世纪80年代后期—90年代中期	计算机辅助教学与计算机辅助管理/开发教学与管理软件、课件，计算机作为一种工具/“计算机与基础教育相结合”	教学软件类型向组件、积件发展；教学平台向素材型、工具型、平台型方向发展；计算机辅助教学向强调学生主体性的“课程整合”方向发展；由教师自己开发课件向教师整合利用各种资源发展；建构主义教学模式成为课程整合的理论基础	课程整合
第三阶段：20世纪90年代中后期	网络教育/网络教学技能、方法与网络资源建设/“建网，建库，建队伍”	建立多媒体电子教室、建设校园网，天网地网相结合，实施“校校通”工程；对学生开设网络课程；建设网上教育资源库；研究基于网络的教学模式；探索基于网络的研究性学习；试验远程教学模式	网络教育

二、信息化教学资源开发的现状

目前信息化教学资源的开发与应用中存在较多的问题，如大量信息化教学资源实际上大多停留在低水平的自制与共享上，众多教学资源成为离散的“信息孤岛”，不能大范围、高效地交换互享；部分教学资源陈旧，实用性低，无法胜任蓬勃发展的课程改革教学实践要求；教师对信息化教学资源的认识不足，应用信息化教学资源的意识比较淡薄，等等。

硬件设备是开展多媒体教学的基础条件，有些偏远地区学校的教学条件比较落后，还没有开设多媒体教学，且仅有的多媒体不时发生故障，影响了教学进程。在信息化时代，教师运用现代化教学手段进行教学的基础是要有充足的教学资源，由于目前教师的工作压力比较大，在课下没有足够的时间对信息教学资源进行仔细研究，难以创建、优质的资源，这也不利于现代化教学的展开。

教育信息化建设不仅需要投入大量的资金，配置完善的硬件设施，还要在这个平台上不断开发实用的信息化资源，实现教育信息化的科学发展。但当前还存在一些不合理的现象。

一是信息化资源的开发没有兼顾我国教育的发展现状，适应和满足当下教育实际的资源开发得较少。

二是信息化资源的开发与利用并没有与教育实践实现很好的衔接，有的信息化教育资源，虽然理论上而言，确实是当下我国教育中亟待开发的项目，但与实际的应用往往还存在一定差距，部分开发者并没有在开发前切实了解学校这一较小的教学环境。

三是资源建设主体单一，质量有待提高。当前我国利用率较高的信息化资源大多是由教师自主开发的校本资源，受技术能力的限制，加之开发资源费时费力，资源质量普遍不高。另外，很多教学资源徒有其表，看似内容丰富，实则真正适合教学和自主学习的系统化资源屈指可数。

四是学科资源分配不合理，对内容深度挖掘不够。开发资源时大多仅停留在各类资源形式的简单累积上，缺乏对资源的分类。

五是资源分类不够有序，难以有效定位。信息化资源具有无限可复制性，同样的资源在不同的时间和地域上被大量上传，使得资源数量急剧膨胀，但少数优质资源被埋没在互联网中。同时，由于资源过于分散，造成无数个资源孤岛。

六是缺少与教学过程配套的资源。教学是围绕着某一个主题和问题，按照一定的教学设计方法和教学程序展开的一系列教育学的活动。不少资源建设者对资源能够解决的教学问题没有清楚的界定，大多数资源都是以知识点、主题或者教学单元的形式存在，能与教材完全匹配或者基本匹配的不多。

三、信息化教学资源开发的趋势

21 世纪是一个知识、信息、通信的时代，是以高新技术为核心的、知识经济占主导地位的时代。

业界专家分析认为，我国教育信息化未来将朝着教学信息资源整合、教育信息化管理标准趋于统一、社会学习者的自身素养和教育信息化投资效率提高、教育信息化评估体系不断完善的趋势发展。同时，一方面进一步加快教育信息化基础建设，提高其总体效益；另一方面，大力推动中国教育和科研计算机网以及网络地区中心的建设，大力兴建各省教育科研网的主干网，提高全社会学习者的信息素养和教育信息化的投资效率，并制定统一的评价标准。目前，国际上未有统一的教育信息化评价指标体系。

首先，信息化教学资源的开发在未来的发展中会趋于更科学合理，将改变旧有的、较为盲目的开发模式，而是充分遵照我国教育的发展情况进行合理开发，避免资源及资金的浪费，否则开发的信息化资源理论过深或者实用价值不高，对教育信息化水平的提升作用不大。

其次，信息化教学资源的开发与利用将实现很好的衔接。资源开发后应保证在尽量短的时间内实现具体应用，避免出现资源闲置现象。由于信息技术的更新换代很快，在未来发展中，应在开发前切实做好调研工作，以保证资源开发后的即时价值。

最后，未来信息化教学资源的开发，必将实现资源开发力度的加大与安全水平的提高。仅重资源开发建设而忽略安全问题的现象，是不适应教育信息化的长远发展趋势的，缺乏安全保障的资源必将在今后的发展中被淘汰，这也是教育信息化实现可持续发展的必经途径。

综合来看，信息化教学资源开发和应用将呈现以下的趋势。

第一，以学生的“学”为主，体现学生的主体地位。新课改前，教师主宰着课堂上的每一分每一秒，课堂、课件的设计围绕着教师如何上好课进行，以教师的“教”为着力点，学生处于被动接受地位。

教学资源是为了完成教师“教”的任务设计的。除一般课件外，以教师为主体的教育信息资源还有主题学习网站，仅为学生提供资源，可供学生选择学习内容，但其指导思想还是以教师为主体的。学生是一个个鲜活生动的个体，有各自的思想、观点，有不同的知识基础，学生应该在不断的交流碰撞中完成新知识、新技能的建构。在建构主义理论的影响下，教育信息资源开发与应用中对环境的建构受到关注，提供情境，激发学生思考，提供交流平台，实现师生交流互动，有效完成学生的学与教师的教，成了资源建设的指导思想。教学资源的设计和应用体现学生的主体地位，也是信息化教学资源开发与应用的趋势之一。

第二，信息化资源呈现个体积件式、微型化。在教学中，教师、学生、媒体等各种要素是变化的，不同的学校、班级、教师、学生对同一高度集成化的教学信息资源的适应程度是不同的。在信息资源开发的过程中，简单地认为把最优秀的教学模式、教学策略与最好的教学设计集成在一个信息化资源中，希望以此满足所有教师的教学要求，这显然是不切实际的。教学资源呈现个体积件式、微型化，才能满足不同教学对象的需要——它以知识点，甚至某一知识点中的某一方面为单位，制作出能灵活拼装、可重复的“小积木”，既方便随时更新，又能适应不同教材、教学对象、使用者的需求，真正做到以不变应万变。

第三，学习者参与信息化资源的开发、应用。在教学过程中，教和学是相辅相成的。也就是说，教师的教与学生的学是互相促进、互为相长的。教师通过多年实践和对所教学科的系统研究，有着丰富的教学经验和教学资源的积淀。同样，学生作为学习的主体，具有鲜明的个性特征以及丰富的想象力和创造力，他们的学习体会与经验是宝贵的资源，因此，学生参与教学资源的开发与实践，是资源建设中的重要组成部分。在开发教学资源的过程中鼓励学生交流、分享自身的学习体会、经验，将其作为资源内容建设的一部分，是信息化教学资源开发的一个重要趋势，可以促进教与学过程的参与者共进步、同成长。

信息化教学资源不再是一个完整的课件，也不会局限于积件的累加，它呈现微型化的同时，又倾向于一个庞大的系统、一个有效学习环境的设计与构建。总之，信息化教学资源的开发与应用正趋向搭建一个有科学理论指导，有技术手段支撑，以积件或其他形式为信息载体所搭建或构造的，能促进学习者有效学习、交流的环境或平台。

第二节 信息化教学资源的开发原则

一、有效性原则

有效性原则，顾名思义，就是指在教学活动中，将开发出来的信息化教学资源恰当地应用起来，用于优化学生的学习过程，促进学生学习效果的提高。

在实践中发现，信息化教学资源能够为教学方式的变革提供比较理想的环境和条件，但是必须注意，应围绕教学目标来进行——信息化教学资源的应用只是服务教学的一种手段，绝不可用手段代替内容和目标。因此，教师在开发信息化教学资源之前，必须做好充分的调研和论证。首先要考虑的就是教学目标，要紧扣目标开发资源。其次要考虑教学内容的特点，在开发信息化教学资源时，学生的心理特征、视听特征及学生的接受能力也是必须考虑的因素，还要遵循教学资源的目标控制原则、内容符合原则、对象适应原则等。

只有保证有效性，才能保证信息化教学资源的高效使用，才能体现信息化教学资源在现代教育教学中的价值。

信息化教学资源在开发过程中就应当在整体的设计思想、呈现的具体内容、表现展示的形式、技术应用的方法等多个方面符合目前我国新课程标准的教育理念。所开发的信息化教学资源应当能有利于学生个性的健康发展，并且可以为学生提供更多的选择空间，达到新课标对于教学的多样性、多形式要求，呈现多视角、多层次、多类型的教育内容。

开发信息化教学资源的目的是为了更好地满足教学的需求，有效解决教学中以传统方式难以克服的重点难点，以此更好地辅助课堂教学。因此，有效性原则是开发信息化教学资源的首要原则。

二、节约性原则

所谓节约性原则，可以理解为信息化教学资源的重复利用价值应较高，也可以说是用最少的人力和物力开发利用率最高的信息化教学资源。开发信息化教学资源要考虑到长久使用、重复使用，不能仅为了一节课或者一个单元的教学而开发大量的资源，在下一个循环教学中又不能继续使用，从而造成开发成本的浪费。对于现有的教学资源，应尽可能加以利用以便省时省力，但当已有的教学资源与实际内容不太相符时，可进行适当删改。

开发信息化资源的节约性原则还体现为资源的可选择性，即在使用的过程中可以根据不同的教学对象和教学环境来选择不同的教学资源，同时，也为有效实施分层教学留有余地。比如，在设计练习环节时，就可以根据学生的水平，设计好、中、差三个层次的练习，这样既可供同一个班级中不同水平的学生使用，也可供不同班级的学生根据需要选用，从而做到节约资源。再如，每个学科都存在课堂评价，但每个学科的评价又各具特点，在开发资源时，就可以建设动态的、可修改的课堂评价系统，由每位教师根据自己的课堂需求和学生特点选择课堂评价方式和评价内容，而不是对每节课、每门课程都单独开发评价系统，从而做到节约人力、物力成本。

三、共享性原则

共享性是指开发出的教学资源应该有普适性并容易保存与分享到各个教学资源平台或者网站上。网络教学平台建设方案的实质是通过信息化教学资源的传输和共享来促进教学。它不仅具有各种媒体信息处理功能和人机交互功能，更重要的是它实现了网上多媒体信息传递和多媒体信息资源共享，形成了理想的多媒体网络教学环境。

为了更好贯彻共享性原则，应该在一定范围内建立信息化教学资源库，以及与之相匹配的资源共享机制，尽可能地让同类型的信息化教学资源能够共享，以有效提高工作效率。比如，动画专业的角色设计、场景设计、动画制作、项目实践等相关课程，有很多素材资源是可以共享的，教师可在专业集体备课的基础上，共同开发教学资源，共同使用教学资源，从而使得资源利用达到最大化。再如，动画专业和艺术设计专业都有 Photoshop、Flash 等课程，其教学资源也可以实现共享。

四、网络性原则

教学的过程也是一个资源共享的过程，而要让信息化教学资源传播得更广，就需要借助网络。信息化教学资源往往是以教学素材的形式提供给师生使用，师生在实际教学中对其进行的改进与编组也是教学资源开发的重要组成部分。全体师生的共同参与可以极大地丰富信息化教学资源库，有利于不同渠道的教学资源互通有无，共同发展。因此，在信息化教学资源的开发过程中不应当人为地设置壁垒，而应当将权限尽量开放，保障全体师生可以自由上传、分享其自己制作的相关教案、作品等，以使信息化教学资源得到可持续的健康发展。因为信息化教学资源开发的主要目的在于：一方面为了获得更好的教学效果；另一方面则为减轻教师的工作负担，将教师从不必要的简单重复劳动中解放出来。因此，教学资源的开发还应尽量做到化繁为简，要充分利用互联网、局域网等资源，使得教师的教和学生的学能够适时进行并实现互动。例如，课堂教学评价与分析应该能够做到由系统自动生成，并根据网络反馈、学生的练习、测试等实际情况建立适合网络运行环境的试题库，只要有准确的IP地址，学生就可以通过网络获得学案、练习、试题等资源，教师则可以通过网络及时了解学生的学习情况，而不受时间、地点的限制。

第三节　信息化教学资源的设计原理与开发步骤

一、信息化教学资源的设计原理

信息化教学资源的设计需要开发者和设计者掌握一定的学习理论和教学理论，只有遵循了这些原理，设计出来的信息化教学资源才能更好提升教与学的效率。

（一）建构主义学习理论

建构主义学习理论强调学习者在学习的同时，能够自主地将新获取的知识和原有的经验进行联系，并通过重新整理来建构新的认知结构和体系。在获取信息化教学资源的过程中，学习者通过对资源的搜索、与教师的交流以及与其他学习者的探讨等多种形式，充分获取大量信息，并与原有的认识形成冲突，从而转化自身的理解和认识，形成新的认知结构体系。

1. 学习观

学习不是简单地传递接受和刺激反应，而是在原有的知识与经验基础上，对新知识、新经验进行主动的选择、加工和编码，从而建构自己的理解，在此过程中，学习者原有的经验会因为新知识的获得而发生重组和改变。

2. 学习者观

学习者是学习的主体，也是信息加工、意义建构的主体，而不是知识的被动接受者。学习者要主动发现知识建构的意义，主动分析获得的资源，将所学的新知识与自己已有的知识或经验相联系——这种联系就是意义建构的关键。在此基础上，学习者再进一步结合思考和讨论活动，使得意义的建构更加有效，从而在面对复杂的外部世界时，能够形成自己对于知识的理解模式。

3. 教师观

在建构主义学习环境下，教师是学生进行意义建构的引导者和支持者。教师应该激发学生的学习兴趣，引发学习动机，结合学生存在的真实问题来创造契合教学内容的学习情境——在这种情境中，教师可以通过探究、合作、讨论和交流的方式，帮助学习者进行更高效的意义建构。

4. 知识观

知识是人们对客观世界的一种解释、假设或假说，随着人们认识程度的深入会不断地改写，出现新的解释。针对具体的问题，知识并不是一定能解决问题，而要根据该问题的实际情况对原有的知识进行加工和创造。

5. 教学观

教学不仅是进行知识传授，更重要的是培养学生的创新能力和探索能力，应给学生提供建构知识的学习情境和思维方式，教学活动的设计和安排应该尽可能在真实的问题情境中进行，并从中建构新知识。

（二）关联主义学习理论

乔治·西蒙斯认为，关联主义学习理论认为知识以节点的形式存在，人们通过连接不同的节点来达到信息的获取，节点之间可以有不同的连接方式。关联主义学习理论强调不同的领域之间都存在着信息联系，且这种联系有着重要的作用。搜索信息化教学资源时，学习者可通过聊天室、微信、QQ 等网络工具，构建网络节点并建立相关连接，以良好的学习环境来实现实质性关联。

（三）掌握学习理论

布鲁姆的掌握学习理论是指在教学过程中，教师要给予学生一定的时间、条件、资源和辅助，让大多数学生都能够按照规定的学习目标和学习任务来学习，掌握一个教学内容后再进行下一个内容的学习。在线开放课程资源由存在内在逻辑顺序的一个个教学视频或文本组成，它遵循掌握学习理论，而且课程视频可以重复观看，让学习进度缓慢的学习者可以多次学习，有助于学习者对知识的理解和内化。布鲁姆认为，掌握学习、教学策略的关键在于将系统的个别化反馈—矫正程序与常规的群体教学相结合，给予学生掌握所学内容所必需的时间，提供适当的教学条件和个别辅导，最大限度地挖掘每位学生的发展潜力，教学应当使大部分学生都能掌握学习内容。评价学生的学习效果不应当以其在班级中的名次为依据，而应该评价其对知识的掌握的水平，教师为掌握知识而教，学生为掌握知识而学。

学生之间存在差异是不容忽视和否认的情况，因此，布鲁姆提倡平等的学生观，认为只要给予学生充分、良好的教学环境、教学资源、教学条件，无论是什么程度的学生都可以得到发展。布鲁姆与之前对现代教育评价有贡献的教育家泰勒等人一样，关注学生的形成性评价，形成性评价可以让教师更多地将目光集中于学生在学习中的问题，而不是学生的达成度，应该是学生的未达成度；再通过反馈、矫正等步骤设计教学过程，使绝大多数学生达到既定教学目标。这种教学理念一直在今天都发挥着巨大的作用，可见其先进性。

其基本的教学模式是：诊断性评价→设计单元教学目标，群体教学→形成过程性评价→矫正学习→总结性评价。诊断性评价关注学生的起点，过程性评价关注学生学习的过程，总结性评价关注学生的达成度和未达成度，三者缺一不可。它与过去最大的不同，即教师评价的重点已经不是总结性评价了，而是过程性评价和未达成度。布鲁姆的教育目标分类学理论具有两大特征：一是可量化、可测量。为了使教育评价的起点、评价目标客观标准化，他提出目标的可测量性，为之后的评价阶段提供更加真实和客观的依据；二是目标有层次梯度。布鲁姆的认知领域目标分类学中包括六个主要类别：知识、领会、运用、分析、综合、评价。情感领域包括五个主要类别：接受或注意、反应、价值评估、组织、性格化或价值的复合。每个主要类别又都包括若干个子类别并依次排列。因此，目标从简单到复杂递增，后一类目标只能建立在已经达成的前一类目标的基础上，从而形成了目标的层次结构。

二、信息化教学资源的开发步骤

（一）研读课标与教材

信息化教学资源的开发要紧扣教材内容。在进行资源开发时，首先需要教师在遵循新课程标准的前提下，以教材为范例进行教学资源的细化和拓展，并在此基础上进行解析和重构，形成学与教的资源库。在此过程中，教材和课标是课程资源生成的平台，也是课程目标达成的平台，对于教师把握资源开发的广度和深度具有重要的指导和示范意义。

因此，深入研读新课程标准和教材，把握新课标的精神实质，理解教材内容与功能，是进行信息化教学资源开发的前提。在进行资源开发过程中，可以搜集与教材内容相关的资料，设计若干场景，或者构建若干资源链接，引导学生参与活动、调查发现并解决问题。

（二）充分利用已有的网络搜索引擎来查找资源

在网上查找资源，比较常用的方法是通过搜索引擎键入关键词进行查找。不同的搜索引擎有不同的特点，有时可以结合起来使用。

如果发现某一网站上的教学资源特别丰富，较有价值，并且更新速度快，访问量高，平时需经常登录该网站时，可以将其收藏起来。对于一些有价值的网络教学资源，可以下载并保存到自己的电脑中备用。值得注意的是，对于容量比较大的课件最好用专门的下载软件下载。

（三）分类整理资源

下载的教学资源，只有通过系统的整理和加工才能呈现给学生。教学资源的分类是非常困难的，如某种教学资源既可以用于实践模块，也可以用于练习模块，所以对资源的分类只能是大体上按模块进行分类。对资源进行分类后，应当进一步对资源进行编号和标记，建立适合自己的检索工具，便于在教学中使用。

（四）建设教学资源库，开发网络信息资源平台

分类进行资源整理的过程，其实就是教学资源库的开发和网络信息平台建设的过程。教学资源库是教学信息平台中最基本也是最重要的部分，它包含多媒体教学资源库和单元资源库等。多媒体教学资源库是以教学模块为基础，按一定的检索和分类规则组织的资源集合，包括文字、图片、动画、音频、视频等多种信息或资料。单元资源库是以帮助教师解决某个教学重难点，或帮助学生学习某个知识点，或为学生探究认知而创设学习环境等目的而设计的课件片段和网页。它

是供学生在学习中重组知识或经验而准备的资源，一般短小精悍，调用方便，便于教师与学生检索和组接在当前的教学情境中使用。这种教学资源库具有注重人的主体性、通用性、灵活性、开放性、实用性等特点。

与传统教学资源一样，网络教学资源也要重视保留完整的原始文件信息，如材料的来源、出处等。因此，网络资源最好以网页和网页链接的形式保存——一方面，如果保存的信息较多，应用时可方便地再次登录，补充收集更多的相关信息；另一方面，日后发现疑问时，还可从原始网页文件信息中查找线索。

第三章　信息化教学资源的应用

第一节　信息化教学资源的应用原则

一、目标控制原则

资源是为教学目标的实现服务的，必须有利于教学，有的放矢。教学目标是贯穿教学活动全过程的指导思想，它不仅规定了教师的教学活动内容和方式，指导学生对知识内容的选择和吸收，而且还主导着资源类型和资源内容的选择，即针对不同的教学目标应选择不同的资源类型和资源内容。在实践应用中，一方面，教学资源的开发应该紧紧围绕教学目标进行；另一方面，在教学资源的应用上，也应该紧紧围绕教学目标来选择可利用的资源。若不遵守这一原则，教学效果将会适得其反。千万不能为了信息化而信息化，而应在实践中根据课程要求，从实际出发应用信息化教学资源。

二、内容相符原则

学科内容不同，适合的教学资源也不同。譬如，文科类的学科，用到的文字信息、图片信息比较多，而动画、视频使用较少，而 PPT 在文字、图片的表现方面具有优势，因此用 PPT 效果会较好；理科类的学科，则更多地考虑使用 Flash，因为除了文字、图片以外，还须辅以动画演示程序流程，才能取得更好的效果。即使同一学科，各章节的内容不一样，对教学资源的要求也不一样。因此，对教学资源的选用和设计应以符合教学内容为原则——既要考虑学科特征，还要考虑学科内具体教学内容的特征。应用的教学资源要与教学内容相辅相成，才能更好地辅助课堂教学或者引导学习者自学。

三、对象适应原则

对象适应原则要求因人制宜，不搞形式主义。首先，利用信息化资源教学固然好，但要因人而异，要充分考虑学生的认知结构——年级越低，信息化教学资源越要生动形象、直观；年级越高，则要越简洁，避免华而不实，能说明问题就行。其次，开发出的信息化教学资源的形式应有利于学生接受，适合学生的年龄阶段和接受能力。因为不同年龄阶段的学生，其认知结构有很大差别，所以信息化教学资源的设计必须与教学对象的年龄特征相适应。在实践应用中，小学低年级各学科资源设计的重点应放在如何实施形象化教学以适应学生的直觉思维图式，因而应多采用图形、动画和音乐等多媒体使图、文、声并茂；小学高年级要把重点放在如何帮助学生完成由直觉思维向抽象思维的过渡，因此这一阶段的形象化教学可适当减少；中学阶段则应着重培养学生学习抽象概念，学会运用语言符号来揭示事物的内在规律，逐步发展学生的逻辑思维能力。而技能课的教学资源则着重于技能操作规范和技能训练方面，应注重举一反三，反复训练，达到熟能生巧。

四、最小代价原则

最小代价原则就是在教学设计过程中选择教学媒体时，要根据能得到的效能和需要付出的代价来做决定，力求做到以最小的代价得到最大的收获。也就是说，既要达到教育教学目标，而又不能不惜代价，要用最经济的方法达成最大的教学教育效果。研究表明，人们总是根据最小代价律来选择信息的。为增加信息让人接受的可能性，要么增加接受者可能有的收获，要么减少接受者可能遇到的困难。因此，开发的学习资源不仅应该包含较多的新信息，而且应该深入浅出、通俗易懂，以便学生只花较少时间就能获得这些信息。

尽管信息化技术已经成为新时代教师的一项基本技能，但并不是所有的教师都能熟练应用，“傻瓜化”的设计也是信息化资源应用的一个必要的原则。

判断一个教学资源是否有效，关键在于它能否将要表达的信息有效地呈现给学习者。要做到这一点，除了遵循上述基本原则之外，还要恰当运用视听心理学原理和规律，才有可能设计出符合学习者特定认知和特定视听心理的教学资料，并且要制作简单，播放便捷，效果明显。

第二节 基于信息化教学资源的教学设计

一、信息化教学设计概述

开发信息化教学资源的目的是为了更好地服务教学，辅助教学活动更有效地开展。也可以说，开发和应用信息化教学资源是信息化教学设计的一部分，因此有必要了解信息化教学设计是什么，以及信息化教学资源的开发怎样才能更好地服务于信息化教学。

世界上大部分地区是在 20 世纪 90 年代后期进入教育信息化阶段的，随着互联网的发展和计算机的广泛应用，不同的国家和地区的教育理论工作者和一线教师都在探索网络时代的教学改革问题，由于各国或地区的经济、政治、文化、历史背景不同，解决信息技术在教育中的应用的思路和发展模式也各具特色。因此，结合中国国情，并充分吸收和借鉴各国或地区在教学与信息化环境下进行教学设计的方法，有助于发展适合我国国情的教学设计理论。信息化教学设计理论和实践融合了现代教学理念、信息素养培养目标和信息化评价手段，体现了信息化教学的基本原则，代表了信息化教学的发展方向，其实践模式具有在不同学科的教学中复制迁移的可能。在谈论信息化教学设计时，必须先明白信息化教学与信息化教学设计之间的联系，以及信息化教学设计与普通的教学设计有什么区别与联系。

（一）信息化教学与信息化教学设计的概念

1. 信息化教学的概念

信息化教学是在信息化环境中，教育者与学习者借助现代教育媒体、教育信息资源和教育技术方法进行的双边活动。

信息化教学的特点包括：①以信息技术为支撑；②以现代教育教学理论为指导；③强调新型教学模式的构建；④教学内容具有更强的时代性和丰富性；⑤教学更适合学生的学习需要和特点。信息化教学不仅仅是在传统教学的基础上对教学媒体和手段的改革，而且是以现代信息技术为基础，对教学体系的一系列创新。

2. 信息化教学设计的概念

信息化教学设计这个概念是由上海师范大学的黎加厚教授提出的，他将教育信息化环境下的教学设计简称为“信息化教学设计”，这是为了区别于 20 世纪 90 年代以前没有使用计算机和网络等信息技术的教学设计。对教师来说，它具体指运用系统方法，以学生为中心，充分利用现代信息技术和信息资源，科学地安排教学过程的各个环节和要素，以实现教学过程的优化；对学生来说，教师应用信息技术构建信息化环境，获取、利用信息资源，支持学生的自主探究学习，培养学生的信息素养，提高学生的学习兴趣，从而优化学习效果。信息化教学设计的目的在于培养学生的信息素养、创新精神，从而增强学生的学习能力，并最终成为具有信息处理能力的、主动的终身学习者。

（二）传统的教学设计与信息化教学设计

信息化教学设计其实是一种特殊的教学设计。它是在教育信息化环境下所进行的，是教学设计的一个发展方向。传统的教学设计以客观主义为理论基础，包括行为主义理论和认知主义理论。整个设计过程是自上而下，包括带有行为目标的严格的行动计划，并按计划、有组织地实施的。

信息化教学设计以建构主义作为理论指导。建构主义学习理论强调以学生为中心，信息化教学设计从“以学生为主体”出发，并强调培养学生的首创精神和高级思维技能。整个设计过程是非线性的，有时甚至是混沌的。这种教学设计需要懂得教学内容与情景的开发者来实施。其重点是在意义丰富的情景中发展学生的理解能力，并注重信息化学习环境创设和学习资源的提供。信息化教学设计并非仅仅指现代信息技术对教学领域的介入。传统的教学设计对于信息技术所持的是“媒体观”，即视信息技术为教学媒体，用于辅助教师的讲解与演示；而在信息化教学设计中，现代信息技术作为学生的认知工具，能创设学习环境，提供丰富的学习资源，支持学生的自主学习和协作式探索。信息化教学设计的基本特征之一就是网络化，必要条件之一是网络环境，信息化环境需要网络技术的支持。网络能够为学生提供丰富且开放的学习资源，以及极大可能的交互性与多样的选择性。因此，区别于传统的教学设计，信息化教学设计不再是一个封闭的回路，而是一个开放的系统。

总的来说，信息化教学设计就是将静态的教学设计转变为动态的信息设计，让课堂充满活力，有助于激发学生的学习兴趣；将传统的教学设计转变为网络教学设计，让解读教材变为引导学习，并统一转变为具有个性化的教学设计；从重视结果评价转变为重视能力评价，关注学生的创新能力、综合素质与学习能力培养和提高（见表 3-1）。

表 3-1 **传统教学与信息化教学关键要素对照表**

关键要素	传统教学	信息化教学
教学策略	教师导向	学生探索
讲授方式	说教性讲授	交互性指导
学习内容	单学科独立模块	带逼真任务的多学科延伸模块
作业方式	个体作业	协同作业
教师角色	知识施与者	帮促者
分组方式	同质分组（按能力）	异质分组
评估方式	针对事实性知识和离散技能的评估	基于绩效的评估
教学目的	专业人才的培养	综合素质的培养
课堂组织方式	班级授课	信息技术与课程整合
教学方式	以教师为主体	以学习者为主体
教学结构	学习者被动接受	学习者主动探究
学习工具	以教科书、黑板为主	以电子文档、网络为主
学习环境	封闭式	开放式

二、信息化教学设计的基本原则

信息化教学是一种充分利用信息技术手段且基于资源、基于合作、基于研究、基于问题而进行的教学与学习活动，信息化教学设计的根本目的是使学习者在意义丰富的情境中主动建构知识。通过对多种信息化教学实践模式的总结，可以得出以下几条信息化教学设计的基本原则。

（一）充分利用现代信息技术，营造优化的学习情境

信息化教学设计强调学生的积极参与，而活动的参与需要一定情境的支持，通过信息技术可以为学生创设多种学习情境。在此情境中，教师要选择和组合各种信息技术来引导学习者互相合作和支持，并能使用工具和信息资源参与解决问题的活动，实现学习目标，而不是孤立地学习，不重视知识的实际运用。教师应将信息技术整合到学习环境中，作为学习环境综合体系中的一部分，以支持新理念下的教学，并让学生的学习总是与一定的社会文化背景（即情境）相联系，在实践中学习，使学生利用自己原有认知结构中的相关经验赋予新知识以某种意义。杜威曾经说过："主张必须有一个实际的经验情境作为思维阶段的开始，思维起源于疑问。"布鲁纳认为："让学习者在一定的问题情境中，经历对学习材料的亲身体验和发展过程，才是学习者所获得的最有价值的东西。"即以"任务驱动"作为学习和研究活动的主线来引导学习者。在此过程中，学习者拥有学习的主动权，教师不断地引导和激励学习者探索，使学习者真正掌握所学内容，并通过学习任务举一反三，理解隐含于问题背后的科学知识，掌握解决问题的技能，形成自主学习能力。

（二）基于信息技术，为学生提供丰富的学习资源，促进"意义建构"

现代信息技术，尤其是多媒体和网络技术，能够为学习者提供丰富、开放的学习资源，也为有效开展基于问题的学习和主动探究学习等学习活动提供了充分的条件。信息化学习资源是信息化教学中的要素之一，因此，信息化学习资源的提供和设计，也是教师在信息化教学设计中的一项重要任务，教师要充分利用各种信息资源来支持学生的学习。

在信息化教学设计中，信息技术、信息工具和信息资源具有不可替代的作用。教学设计需关注信息技术运用方式的变化，其关键作用不是以操练的形式来呈现信息，而是以提供探索问题的手段和资源来支持学习。这些工具和资源应当与学习的目标任务相关，且能够帮助学习者解决问题，促进学习者实现意义建构。

（三）强调自主学习，把对学习者自主学习能力的培养放在首位

在信息技术环境中进行学习时，学习者的自主性将发挥巨大的作用，包括对于学习内容和学习方式的选择等。因此，信息化教学设计十分重视学习者的主体作用，具体表现为：一是以学生为中心，注重学习者学习能力的培养；二是不论以“任务驱动”还是“问题解决”等方式开展学习或研究活动，在相关的有具体意义的情境中教授学习策略和技能时，教师都应该充分尊重学生的主体性和自主选择。在此过程中，教师作为学生的促进者，要引导、监控和评价学生的学习过程，帮助学生掌握主动学习技巧，使学生能够更好地开展自主学习。同时，学生通过信息技术，也可以找到更多的高素质“隐性教师”。

开放性意味着丰富和多样，信息技术本身也为开放性提供了可以实现的条件，为教师和学生提供了形式多样的沟通方式和内容呈现形态，如同步与异步的对话、一对多广播与多对多讨论等，都为开放性的学习方式创造了可能性。就学习指导者而言，除了教师，各行各业的专家都可以对学习者的学习给予指导和帮助。

自主学习实际上是一种元认知监控的学习，是学习者根据自己的学习能力、学习任务的要求，积极主动地调整自己的学习策略和努力方向的过程。在信息化教学中，教师不再是简单的信息传递者，而是通过指导学习者获得、解释、组织和转换信息来促进学生学习，以解决实际工作、学习和生活中的问题。在这种模式中，学习者在学习的各项具体活动中发挥主动性，积极参与、乐于探究、勇于实验、勤于思考。学习者承担着自我学习的责任，通过协同作业、自主探索的方式主动进行知识建构。在信息化教学模式中，只有加强自主学习能力，才能在当今“信息爆炸”的时代实现自我可持续发展。

三、信息化教学设计流程与方法

信息化教学设计是在新课程先进教育理念的指导下，以设计问题情境、促进学生解决问题的教学策略和学习环境为核心的教学规划与准备的过程。目的是激励学生利用信息化环境进行协作探究、思考、实践，并综合运用解决问题等高级思维活动，培养学生的创新精神和实践能力。

典型的信息化教学设计步骤如图 3-1 所示。首先，需要分析教学目标，再根据教学目标制定教学任务以及找出教学过程中可能存在的问题。其次，可以查找或者设计该堂课所需的信息化教学资源，然后设计教学过程，并将教学过程的具体步骤确定下来；最后，还要设计教学评价，保证课堂达到预期效果。在整个信息化教学设计的过程中，应根据不断出现的新情况，并始终围绕整个过程实施评价和修改，以保证教学活动的顺利实施。

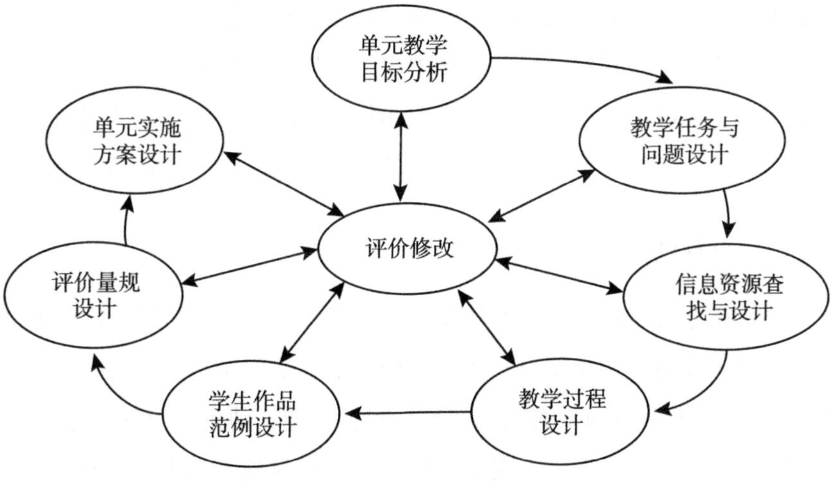

图 3-1　典型的信息化教学设计步骤

（一）选题

选题的范围可以是一节课、一个知识点、一个单元，甚至是一个主题。教师根据希望学生掌握的知识和技能来确定选题是比较常规的方法。

（二）教学目标分析（学习目标分析）

课程理念是课程标准制定者提出的、对课程实施具有哲学指导意义的观念，它应该被渗透到课堂教材编写、课堂教学等环节当中。课程目标包括课程总目标和分目标。课程总目标是对学生学完本课程后应达到的各方面能力或水平进行概括性描述。课程理念和目标是进行后续教学设计步骤的出发点和归宿，具有方向性的指导作用。在此阶段，教师应对预计达到的教学目标做整体描述，可以包括学生通过这节课的学习将会掌握的知识和能力，会完成哪些创造性产品，以及希望他们达成怎样的潜在学习结果。例如，对语言学习来说，教学目标即课程目标，可以按情感态度、文化意识、语言知识、语言技能、学习策略等方面来分类，如图 3-2 所示。课程总目标对于整门课程的教学设计和教学实施具有指导作用，教师在课程总目标的指引下进行了教学内容分析，划分教学单元。为了使课堂教学更加有针对性，仅使用课程总目标对课堂教学进行高度概括是不够的，需要对每个单元、每堂课形成明确的分目标，从而构成完整的教学目标体系。

教学目标体系不仅在教学设计过程中起到指导教学内容选择、激发学习者学习动机的作用，还可以作为学习效果的评测依据。教学目标体系的建立在一定程度上保证了教学设计的科学性，有效避免了教学活动的经验性和随意性。

（三）学习者特征分析

学习者特征分析涉及智力因素和非智力因素两个方面。与智力因素有关的特征主要包括知识基础、认知能力和认知结构变量（认识结构是否有利于学习新知和吸收旧知）；与非智力因素有关的特征则包括兴趣、动机、情感、意志和性格。对学习者特征进行认真分析是实现个别化教学和因材施教的重要前提。分析学习者特征时，既要考虑学习者之间的稳定的、相似的特征，又要把握学习者之间的变化的、差异性的特征。对相似性特征的研究可为集体化教学提供理论指导，而对差异性特征研究能够为个别化教学提供理论指导。在学习者特征中，有些是可干预的，有些是不可干预但可适应的。对于教学设计而言，应主要考虑那些会对学习者的学习产生重要影响，并且是可干预、可适应的特征，还要分析一般性的、稳定的特征，以及学习特定学科所表现出来的独特性。教师应明确说明本课

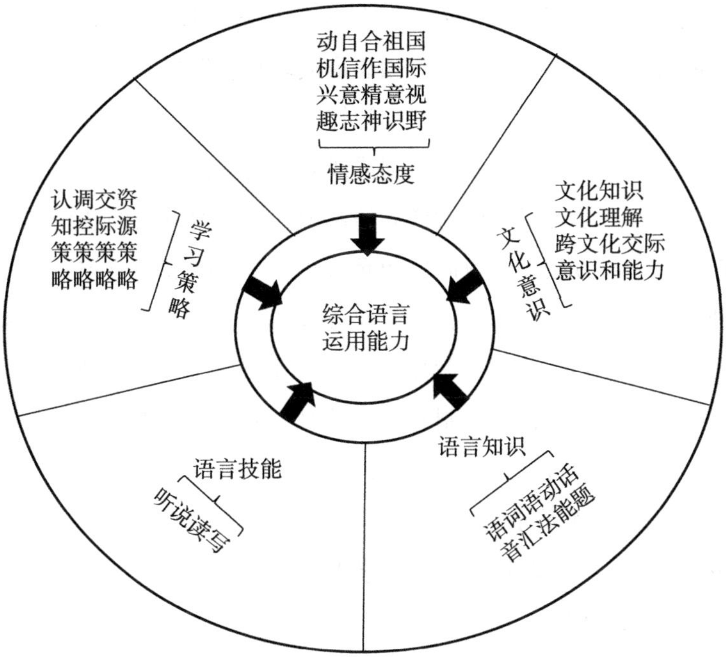

图 3-2　课程目标结构

题对学生的知识、能力等智力因素和非智力因素方面的要求，以及学生是否已具备了学习本课题的基础知识，例如，学生对建立健康的饮食习惯和环保的真正意义的认识是否深入；学生的动手操作能力、社会活动能力是否符合课程要求，学生能否熟练使用讨论组等工具，等等。

（四）教学内容特征分析

对教学内容的特征进行分析旨在明确所需学习的知识内容及其结构关系与类型。知识有陈述性知识、程序性知识、策略性知识之分。陈述性知识，也称为“描述性知识”。它是通过个人有意识地提取线索，而能直接加以回忆和陈述的知识，主要是用来说明事物的性质、特征和状态，用于区别和辨别事物。这种知识具有静态性质。陈述性知识要求的心理过程主要是记忆。陈述性知识的获得是指新知识进入原有的命题网络，与原有知识形成联系。程序性知识是个人没有有意识提取线索，只能借助某种作业形式间接推论其存在的知识。程序性知识是一套办事的操作步骤，是关于“怎么办”的知识。在学习程序性知识的第一个阶段，新知识进入原有的命题网络，与原有知识形成联系；第二个阶段，经过各种变式练习，使贮存于命题网络中的陈述性知识转化为以产生式系统表征和贮存的程序性知识；第三个阶段，过程性知识依据或线索被提取出来，解决“怎么办”的问题，具体指学习者在学习情境中对任务的认识、对学习方法的选择和对学习过程的调控。它是由学习方法、学习调控和元认知等要素构成的监控系统。策略性知识作为一种特殊的程序性知识，日益引起心理学家和教育家的关注。从知识分类的观点来看，策略性知识也属于程序性知识的范畴，其实质也是一套如何学习、记忆、思维的规则和程序，它控制着人的学习、记忆和思维活动。在进行学习任务设计时，要涵盖教学目标所定义的知识体系。

在进行教学内容特征分析后，根据不同的知识类型，应采用不同的教学模式，将学习内容嵌入学习环境的不同要素中。

1. 同步在线教学模式

同步在线教学模式是教师和学生在不同时空的同一时间进行互动和教学的模式。

教师可以利用直播类的工具来构建虚拟教室，实现一对一或一对多的同步在线教学。视频会议等软件基本上能够满足这一模式的要求。一般来说，直播系统都集成了群体授课所需要的多人视音频的交流、演示文稿的展示、文字研讨等功能，而且能够在平板、手机、电脑等多种终端上进行显示。这种教学模式的核心特点就是教和学的空间不在一起，是异地的，但是时间是同步的。

实施同步在线教学模式时要特别注意：①在讲解知识的时候要有效嵌入情景，要培养学生解决问题的能力。②要以任务驱动促使学生自我调控学习进程，培养学生的自主学习能力。③增加基于同伴互评的小组合作学习，培养学生的合作交流能力和思辨能力。④要提供合适的学习框架，培养学生的批判性思维能力。⑤以合作辩论促进学生的思维拓展，培养学生的创造性思维能力。⑥适时、适机地转换角色，加强对学生的课后辅导。

2. 异步在线教学模式

异步在线教学模式指教师教的活动和学生学的活动在时空上是分离的。该模式能够适应学生灵活的时间投入，允许学生自主支配时间，根据个人学习特点自我调节学习步调，自我控制学习进度，从而实现 4A（Anyone、Anytime、Anywhere、Anything）学习方式。

实施异步教学模式时要特别注意：①异步教学的关键是要有完整教学活动设计，不是堆砌资源，是从内容开放到教育过程开放，从面向内容设计到面向学习过程设计。②在录制视频之前，教师应做好详细的教学设计，并对学习内容保持持续更新。③学习支持服务非常关键，要组织讨论、答疑、作业、作品展示等一系列的在线交互活动，激励学生的学习投入，保持学习的持续性。④在课程开始前，教师需要结合课堂目标设计评价方案，并确保每个学生了解，可以采取一些激励性评价措施来调动学生的学习主动性。

3. 基于虚拟学习社区的教学模式

虚拟学习社区是一种重要网络教学形式，包括教学、社会互动和平台技术支持三个维度。学习社区不追求交互的实时性，但强调通过多种学习资源和异步交互支持学生的认知提升。

首先，教师确定讨论的主题，给学生提供资源并设计活动，引导学生进行讨论，同时还可以检索资源，进一步丰富讨论的内容。然后，基于这些讨论，生成学习成果并做知识迁移。最后，达成对知识的深刻理解。在此过程中，教师对参与活动的学生进行整体的引导、评价和反馈。

实施基于虚拟学习社区中教学模式要特别注意：①可供学习的资源要丰富，在线学习社区中学习资源的丰富程度将决定社区内成员的活跃程度和教学质量。②学习活动设计要遵循社会性原则，学生之间可借助社会性软件开展深度交互活动。③设计在线学习活动要遵循整合性原则，将学生的社会性学习环境与自主性学习环境进行整合。④合作学习活动中可以有自主性学习环节，自主性学习活动中可以包含社会性学习环节，以帮助学生构建学习社区的生态文化，形成集体性的知识沉淀、共享的价值观与行为规范。

4. 基于学情分析工具的精准教学模式

基于学情分析工具的精准教学模式，基本上包括学情诊断、设定目标、在线教学、分析最临近发展区、个性化补偿教学这五个关键步骤。其中最重要的是利用学生在学习过程中产生的数据，分析学生已有发展区和最临近发展区，继而持续提供相应的支持，引导学生在最临近发展区的可持续性发展。这种教学模式一般来说包括三个主要的环节，一个是基于数据，以学定教；二是基于数据的因材施教；三是要基于数据，以评促教。学情分析工具可以对学生的学习、教师的教学、评价、调研以及教学管理、教学公共服务提供很好的支撑作用。

这种模式在实施过程中的注意事项包括：①设计多元化评价方法，收集学生的多模态学习数据，重点在于通过学习过程数据收集和分析，力求客观真实地反映学生的学习情况。②学情分析的主体应包括教师和学生，实现教师评价、学生自评和学生互评相结合的评价方式。③为学生提供及时反馈，将个性化分析报告推送至学习系统的学生端和教师端，便于学生和教师查看个人学习评价与分析报告。

5. 在线翻转课堂教学模式

在在线翻转课堂教学模式中，学生可以于课前在线上自主学习课程内容，在线上直播课堂中做应用练习和参与讨论。在线翻转课堂要求学生在课前通过线上观看微课、网上查阅资料、完成在线检测等方式，自学课程内容。教师的任务主要是解答学生的疑问、澄清相关概念、启发在线讨论以及引导学生开展在线交流等，同时通过设置线上应用练习或者检测来进一步强调、巩固、加深或延伸相关知识。

在线翻转课堂教学模式在实施过程中特别要注意：①需要针对翻转课堂的特点进行精心设计，突出以学生为中心。②强调小组合作并给予充分的时间来讨论，鼓励挑战权威，鼓励创新。③在课前自主学习阶段，教师可采取同伴互助、小组合作、游戏化等形式引导学生加强自主学习，提高课前学习的效率。④教师需要精心设计教学设计和微课，并为学生提供丰富的多样化学习资源和学习支持。⑤教师应尽量组合使用学情分析工具，了解学生的学习状态，做到更有针对性的引导。如果不了解学生课前学习的状态，课堂的讨论以及点拨、答疑、点评等活动就会失去焦点，所以学情分析工具对于更好地实施翻转课堂也是非常重要的。

6. 基于学科工具的自主学习模式

自主学习包含自我监控、自我指导、自我强化三个子过程，强调自我效能和榜样示范在自主学习中的作用。学科类工具可作为学生认知发展的工具，为学习者提供学习资源、学习支架、学习指导等，支持学习者自主学习，帮助学习者对学习内容进行加工处理，构建自己的知识体系。

在自主学习过程中，学生要明确学习目标，确定自己的学习任务，选择相应的学习策略，根据自己的个性特点做自主学习和自主探索，然后进行评价与反思。家长或教师帮助学生进行自我监控、自我指导和自我强化。

实施这种自主学习模式的注意事项包括：①教师要为学习者提供优质的自主学习资源，并且在选择学科类工具时要考虑学科特点，以及学科工具与教学内容的融合程度。②提高学生的自主学习意识和能力，采用同伴助学、教师指导、脚手架等策略增强学生自主学习的效率。③为学习者提供操作训练机会，通过练习或测验强化学生的知识获得，促进学生的知识迁移。④在自主学习过程中应加强学习交互，鼓励学生与教师、学习同伴交流讨论。⑤自我效能感是影响自主学习的内在因素之一，教师应帮助学生建立良好的自我效能感。

7. 基于学习资源网站的主题探究教学模式

这种教学模式是借助学习资源网站为学生提供丰富的学习支持，教师精心设计问题，学生实施探索式学习，利用网站的交互功能实现师生交互、生生交互并互相支持协作。这种教学模式一般来说有几个步骤：

（1）根据课程学习需要，选择并确定学习主题，制定主题学习计划（包括确定目标、小组分工、计划进度）；

（2）组织协作学习小组；

（3）教师提供与学习主题相关的资源目录、网址、资料收集方法（包括对社会资源、学校资源、网络资源的收集）；

（4）指导学生浏览相关网页和资源，并对所得信息进行去伪存真、选优除劣的分析；

（5）根据需要组织相关协作学习活动（如竞争、辩论、设计问题解决或角色扮演等）；

（6）形成作品，要求学生以所找到的资料为基础，制作与主题相关的研究报告（形式可以是文本、电子文稿、网页等），并向全体同学展示；教师组织学生评价作品，并形成观点或意见，以此达到意义建构的目的。

探究性学习实施的注意事项包括：①精心设计探究的问题，强调把学习活动设计在复杂、有意义的问题情境中，通过学生合作解决问题，促进学生对所学知识的理解与建构。②为学生提供丰富的、多样化学习资源，支持学生多通道的知识获取，加强知识在学生生活中的应用。③遵循建构主义学习理论，体现学生的主体性，教师则作为学生的指导者、引导者、合作伙伴。④采用小组合作学习形式，鼓励学生交互，鼓励学生进行个人反思。⑤采用多元评价方法，关注学习过程，实施形成性评价和表现性评价。

在设计学生自主学习活动时，可以为学生选择资源型学习、探究型学习、研究型学习、协作型学习等各种自主学习模式。在自主学习中，最常使用的学习方式有支架式、抛锚式和随机进入式等。支架式由搭“脚手架”、进入情境和独立探索等步骤组成。抛锚式由创设情境、确定问题和自主学习等步骤组成。随机进入式由呈现基本情境、随机进入学习和思维发展训练等步骤组成。不论是哪种自主学习方式，都离不开教师和学生的共同活动。教师的作用在于提出问题，对学生的学习给予指导和帮助；学生则应充分发挥认知主体的作用，主动进行探索。

（五）教学资源及支持工具设计

教学资源包括所有能够支持学生进行学习活动、锻炼能力和发展思维的工具、材料、设施、人员、机构等，从传统的教科书、印制品，到各种现代教学媒体，以至网站、社会文化机构等。教师在教学设计中应尽可能提供不同种类的资源，以便学习者根据自己的条件去选择与利用。

在信息化时代，学习者可以轻而易举地通过网络、图书馆等找到自己所需的学习资源。然而信息的无限性与媒体的丰富性又容易给学习者的学习带来盲目性。对此，教师应实施必要的引导，及时地为学生提供一些寻求有效资源的方法和手段。当学生在学习新的或较难的任务时，教师可直接为其提供有用的信息资源，包括演示文稿、作业范例、单元问题、学习指南等；或者由学生借助教师开发或链接的信息资源，通过搜索、收集、处理信息，间接地获得知识和技能——后一种方式更有利于提高学习者自身的信息素养，使学习不再是被动的接受。因此，教师在开发信息资源的过程中，要考虑信息资源是否具有“低门槛、高天花板”的特征，既要能让基础较差的学习者能够获得足够的帮助，又要使高水平学习者的能力得到充分发挥。

（六）评价方法

评价是教学设计的重要组成部分，它以教学目标为依据，制定科学的标准，运用一切有效的技术手段，对教学活动的过程及其结果进行测量，并给予价值判断。教师通过对学生学习效果的评定来评价教学设计方案，以便肯定优点，发现不足，从而进一步修改并完善教学设计方案。常用的教学评价种类有诊断性评价、形成性评价和总结性评价。诊断性评价在做教学设计前进行，目的在于事先对学生的实际能力水平形成较清晰的认识，评价结果是教学设计的前提条件；形成性评价在教学设计和实践过程中进行，以便于及时了解学生的学习情况，及早发现设计方案中的缺陷；总结性评价则在课程教学结束后进行，根据测试的结果，进行教学效果分析评价，从而对教学设计方案提出全面的修改意见。

信息化教学设计是一个连续的、动态的过程。对信息化教学设计的评价并非仅仅是在教学活动结束后由教师来进行，在整个教学过程中，教师和学生要密切配合，不断对教学进程适时做出必要的判断和评价，主要围绕以下四个方面进行：

一是教学目标制定的合理性。一方面，教师要对自身做出评价，主要包括教学目标是否明确，是否符合相关的课程标准（教学大纲）要求，教学设计中是否考虑到学生的个体差异，教学设计是否能够激发学习者的兴趣、符合学习者的认知结构等。另一方面，教师还要帮助学生对其阶段性学习目标做出评价，主要包括各阶段目标是否符合整体教学目标、详略是否得当、路线图是否清晰可行等。

二是情境创设的科学性。情境创设的科学性主要指故事情境的创设是否具有生动性和感染力，问题情境的创设是否具有启发性和引导性，模拟实验情境的创设是否具有真实性和直观性，协作情境的创设是否具有整体性和交互性等。

三是教学设计的普适性。一方面，要看教学设计是否易于根据具体教学情况的差异进行修改，以便应用于不同的教学对象和不同的教学环境。另一方面，要看教学设计的框架、内容对其他课程是否有借鉴意义和推广价值。

四是学习情况掌控的有效性。即能否对教学进程中学生的学习情况进行及时、准确的把握。教师需针对具体的学习内容制定详细的量化评估指标（信息获取能力、信息加工能力、信息创作能力、沟通协作能力、知识综合应用能力以及自主创新能力等)、对应权重、评估模型及评估人员(教师、学生本人或其他学习者)。必要时还可借助一些信息化技术手段辅助进行，如开发学生学习效果动态评估软件等。

第三节 基于信息化教学资源的主题教学模式

一、基于信息化教学资源的主题教学模式概述

(一) 主题教学模式概述

教学模式是教学理论与教学实践的中介与桥梁，具有指导教学实践、丰富教学理论的作用。国内外有许多成功的教学模式，在很大程度上促进了教育教学的发展，但随着新世纪教育改革步伐的不断迈进，教学模式也需要不断发展以跟上甚至超前于教育改革。那么，哪种教学模式是最适合学生发展的呢？在长期的教学实践中，人们发现以主题(问题)为载体、师生共同参与的学习活动有利于学生的创新思维和实践能力的培养，因为主题教学具有的情境性、学科综合性、任务驱动性、活动探究性、反思递进性的特点有利于达成学科学习目标、突破学科本位、发展师生的信息素养、培养学生的创新精神和实践能力，符合现代社会发展和个体的发展需求。

主题教学是在建构主义学习理论和多元智能理论的指导下，通过跨学科领域的主题探究与活动来发挥学生的主体建构性和主观能动性，从而实现学生的全面发展的教学模式。主题教学主要围绕某一特定主题开展教学活动，并给学生分配一定任务，让学生带着任务进行学习，学生在学习过程中打破了学科之间的限制，可以将多个学科知识进行融合，有利于加强对主题知识点的理解。将主题式教学模式应用于信息技术课堂教学，具有非常重要的价值。首先，主题教学的目标更加明确，学生通过主题的设定，作为主体参与到主题教学活动中，通过小组间的交流、沟通，营造了良好的课堂气氛；其次，主题教学能够为学生构建良好的学习情境，将信息技术教学生活化，利用信息技术知识来解决生活中遇到的相关难题，充分地将现实生活与信息技术知识进行完美结合；最后，主题教学有助

于促进师生之间的交流，提升学生对教师的认同感，增强学生的学习兴趣。

主题教学是基于内容向导教学观的最常见的模式之一，亦是当代语言教学中主要方法之一。主题教学的理论基础有建构主义理论及多元智能主义理论。建构主义教学就是以学生为中心，教师为主导，利用情境、协作、交流和意义建构四种学习环境要素，鼓励学生积极主动地参与学习并最终实现对当前所学知识的意义建构。多元智能理论对传统分科教学提出了挑战，主张打破学科之间的界限，联系生活实际。它所推崇的主题教学强调“为了理解而教”，强调“通过多元而教”，提倡“个别化教育”，其教学目的在于培养学生的实践能力和创新能力。

（二）主题教学模式的功能

主题教学模式的功能目标是要能实现教师角色、学习方式、教学内容、教学结构的转变，要使学生学得主动、学得好、学得快、学得多，发展学生的高阶能力（解决问题、创新、决策等能力），最终要使学生学会学习，学会创造，学会合作，学会生存。主题教学最根本的目标是加强学科联系，使学生形成完整的关于世界的经验，形成正确看待事物的态度和良好的学习习惯，具备适应未来生活的能力。下面从行为态度、知识经验、能力方法三个方面详细阐述主题教学模式的功能目标。

1. 行为态度目标——帮助学生形成正确探究事物的行为与态度

在主题教学过程中，教师应该有意识地培养学生的主体精神，激发学生求知的欲望与探究的兴趣，使学生知道什么是客观的、科学的态度，使学生能够直接地、有目的地、有意义地进行学习，并最终形成主动探究意识与能够选择正确的方式探究事物的行为——这样的态度和行为是学生在以后的生活、工作和学习中必不可少的。

2. 知识经验目标——帮助学生获得综合完整的知识与经验

在传统教学中，学生获得的知识经验往往是孤立的、缺少关联性的，导致学生难以综合地运用自己具备的知识经验去解决实际问题。而在主题教学中，学生可以通过综合运用各学科的知识和已有的生活经验对主题进行探究，并在探究过程中学会灵活地运用各类知识经验进行学习和解决问题。所以，学生在主题教学中所建构起来的知识体系应该是综合的、相互联系的，形成的关于世界的经验应该是完整的、真实的。学生具有了这样的知识与经验，在未来的生活中才可以灵活地加以迁移和运用。

3. 能力方法目标——帮助学生具备未来生活需要的能力与方法

主题教学通过综合性知识体系的建构，应使学生具备综合思维的能力和解决现实问题的能力；在主题教学中，学生通过彼此间的合作与交往进行探究性学习，学生在共享知识、共同解决问题的过程中，应具备与他人合作的能力和人际交往的能力；学生在自主探究主题的过程中，应逐步掌握信息采集、选择和加工的方法，发表意见和讨论的方法，评价的方法等构成学生未来生存的、与基础学力相关的方法。

（三）主题教学的实现条件

教学模式的实现条件是指促使教学模式发挥效力、达到一定功能目标所需要的各种条件。主题教学模式的实现不仅需要学校内部的配合（包括教师团队的协同教学、教学支持系统的建立）和学校外部的支持（包括家长的支持、社会力量的支持），还需要便捷的环境，以及学生具有较强的信息能力和创新能力，教师具有面向信息化的智能素养。活动程序如图 3-3 所示。

（四）主题教学模式的效果评价

现代教学评价理念重视评价功能，提倡综合性评价与过程性评价，即倡导评价内容的丰富性与评价方式的多样性。基于资源的主题学习可以培养学生的综合素质，如问题意识、科学素养、信息素养、创新能力、实践能力、自主/协作能力和反思能力等，在评价内容上，主要体现在问题意识、反思能力、探究能力三个维度，如图 3-4 所示。

（五）基于信息化教学资源的主题教学模式

根据对教学模式理论和实践的理解，基于信息化教学资源的主题教学模式就是利用现代教育技术，尤其是互联网技术，以网络作为交流平台、资源平台、认知工具去获取相应的信息化教学资源，对一个主题进行教学和探究的方法论体系。基于信息化教学资源的主题教学模式注重发展学习者综合能力，尤其是对信

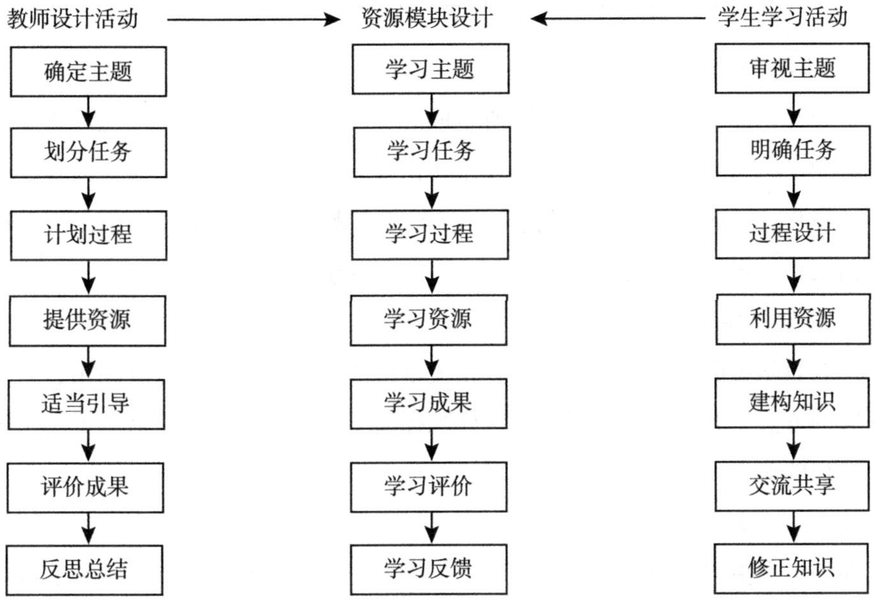

图 3-3　主题教学模式活动程序

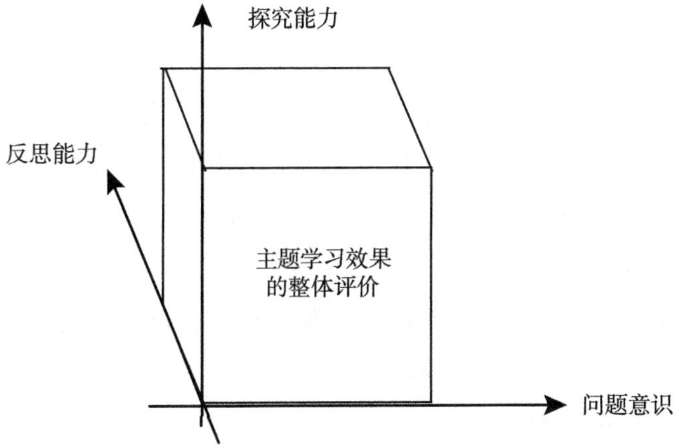

图 3-4　主题学习效果整体评价

息化教学资源的搜索和获取能力，使学习者能够主动学习、关注真实社会中的问题。

（六）基于信息化教学资源的主题教学模式特点

1. 具有主题性和主题的情境性

资源并不能直接用来解决主题所生成的真实问题，学习者必须先对资源进行加工处理，内化为自己的知识，再利用知识来解决问题——这个加工处理的过程就是情境化（contextualized）的过程。在基于资源的主题教学过程中，资源通过主题而聚集，再经过学习者情境化后，才能服务于主题。

2. 跨学科性

主题教学突破了学科本位，将各相关学科的相关内容加以综合利用，采用模拟研究的方法，解决真实的问题。这样既提高了学生的兴趣，又培养了学生融会贯通知识的能力，以及从多角度、多层面地思考问题的能力。

3. 任务驱动性

在一个大主题的前提下，学生通过解决大主题带来的一个个问题来达成学习目标。有问题就会带来任务，分析任务目标是解决问题的前提。特别是解决与自身生活密切相关的真实问题，使学生能积极投入学习中，使教学真正做到以学生为中心，有利于学生获得成就感。

4. 探究性

探究是基于资源的主题教学中的核心手段。在教学过程中，强调自主探究和协作探究，让学生在问题求解的过程中学会综合利用知识、内化知识，倡导学生积极动手、动脑，使学生真正愿意学、并能体会如何学得好。

5. 反思递进性

提倡行动研究，注重利用新型的评价观评价学习过程，要求学生和教师在学习过程中不断反思、探究、完善学习活动。

6. 资源利用的广泛性

无论何种资源、何种存在形式，只要对学习有帮助就是有用的资源。基于信息化教学资源的主题教学模式突破了时空的限制，获取教学资源的方式更是丰富多样。随着网络的发展，网上的信息包罗万象，其中包括可供学习者选择的、丰富的和随时可得的、与问题解决有关的各种信息资源（包括文本、图形图像、音视频等），如果学习者想要搜集某一方面的信息，只要点击搜索引擎，输入相关关键词，几秒钟之内就能找到古今中外相关的信息和最新的研究成果，如果辅之以各种方法和策略的支持，可以使学习者既因面临各种挑战而保持着高度的热情和求知欲，又不会因困难重重而陷入窘境，失去兴趣和自信。

7. 教学内容以主题为中心

主题教学的设计应以主题为中心整合、呈现教学内容，引导学习者围绕主题展开教学活动，将以往获得的零散知识根据与主题相关的内容联系起来，进而获得意义上的链接，并通过对主题的多方位学习不断得以重复、强化和熟练，让学生在学习的同时获得对相关主题全面而深入的认识。主题教学改进了传统的教学法中教学形式孤立和学习内容零散的不足之处，使学生的学习更加贴近实际生活。

（七）基于信息化教学资源的主题教学模式的优势

主题教学打破了以往按单元课文教授的模式，把孤立的、零碎的教学资源整合在一起，将教学内容以主题的形式系统化地呈现出来。主题教学模式的应用体现在教学的各个环节：课前，学生登录教学平台，根据自学要求完成课前自学任务；课堂教学中，学生进行成果展示，点评互动；探究问题，把握内容；联系实际，升华情感；课后，学生登录教学平台，继续学习教学资源库中的相关内容，再根据要求完成作业。主题教学采用多元评价模式，注重过程性评价，依据主题设置教学内容及资源，让教师和学生都可以更好地参与教与学的全过程。

（1）教师—学生：教师全程记录学生在各学习环节中的表现，结合在线测试、任务上传、作业提交、小组互评成绩及留言互动等方式了解学生对本课内容的掌握情况。

（2）学生—教师：通过设计网络问卷，让学生总结自己的收获，并对教师的教学提出意见，形成教学反馈机制。

（3）学生—学生：学生除需要完成作品上传、作业提交等常规任务之外，还需要观看其他学生或小组的作品，并根据评价标准完成评价活动。

主题教学构建了信息化课堂，引导学生自主学习，注重知识内化，升华情感共鸣，它将教学与现代信息化技术有机结合起来，打造双向互动的立体化教学空间，整合资源，激发兴趣，使课程教学更为生动、活泼。主题教学更注重主动性和过程性，通过课前预习、课中探究、课后研学三个阶段，加强了学生对内容、思想的把握，以及将所学内容潜移默化地转化为知识的能力。

二、基于信息化教学资源的主题教学模式构建

所谓基于资源的主题教学（Resources-Based Thematic Instruction，RBTI），是指学习者围绕一个主题，通过充分发掘和利用各种不同的资源，并遵循科学研究的一般规范和步骤而进行的一系列探究活动，其目的是让学习者提高问题解决、探究、创新等能力，促使学习者的学科素养和信息素养得到提升。

基于资源的主题教学以主题开发为前提，以活动探究为核心，以信息技术为支持，并从多维角度评价整个教学过程。一个基于资源的主题教学活动过程就是一个“电磁场”，主题是“碳棒”，绕在“碳棒”外的“线圈”就是活动探究过程，评价反思也包含在整个学习过程中。一旦这个过程接通，就可产生磁力作用。与主题相关的资源即是“铁屑”，整个磁场可以将“铁屑”（相关资源）从各种“屑”（所有资源）中筛选出来，为达到教学目标所用。信息技术在整个教学过程中起着非常重要的作用，它为基于资源的主题教学系统提供了资源、工具、情境、方法和策略等方面的支持，也提供了一个技术丰富的活动平台。

该模式主要是学生在教师的指导下，围绕一个主题，充分收集和利用各种不同的资源而进行的一系列探究活动。因此，其基本组成单元应该包括主题、教师、学生、资源和活动。

（一）主题

主题是整个主题教学模式的核心，教学过程应紧紧围绕主题展开，在此过程中，学生要围绕确定的主题进行资源的获取和学习活动的探究，教师要时时围绕主题对学生的探究过程进行关注和指导。

（二）教师

在基于信息化资源的主题教学活动中，教师是学生的探究活动的指导者和合作者，在活动中处于主导地位，具体来说，教师在整个教学活动中不仅承担着确

定教学主题和指导教学活动的任务，同时教师也是教学资源的提供者，换句话说，教师本身也是资源的一部分。

（三）学生

学生是主题教学活动的主体，在整个教学活动过程中处于主动地位。学生在教学活动中应该全身心地投入，不仅包括经验上的投入，同时还包括情感上的投入，甚至后者的作用更大，这样才能有效地激发学生的学习兴趣，培养学生的高阶能力。

（四）资源

在基于信息化教学资源的主题教学模式中，资源是整个教学活动的血与肉，支撑着整个教学过程。这里的资源主要指信息化环境中的资源，以网络资源为主的教学资源无论在容量方面还是在交互性方面都大大超越传统资源，它可以突破时空的局限产生各种形式的交互，为开展教学活动提供更快捷便利的支持，不仅有利于学习者之间的交流，而且有利于提高教学的效率。

（五）活动

活动是主题教学过程中的一条主线，它联结着教学过程中的其他四个要素，也就是说，活动是开展整个教学过程的一个平台。建构主义认为，知识的建构来源于活动，因而知识存在于活动之中，学习活动的情境则是知识的生长点和可检索的线索，学习必须要有具体的情境，包括学习时的情绪体验，如激奋、担忧、恐惧、快乐等，只有从情境中获得的体验才是真实的、有效的。因此，教师在进行基于资源的主题教学活动的过程中，一定要利用各种资源，充分发挥想象，创设丰富多彩的活动情境，让学生学会在”做中学”，培养学生的学习兴趣和”做”的能力。

三、基于信息化教学资源的主题教学过程

基于信息化教学资源的主题教学过程如图 3-5 所示。

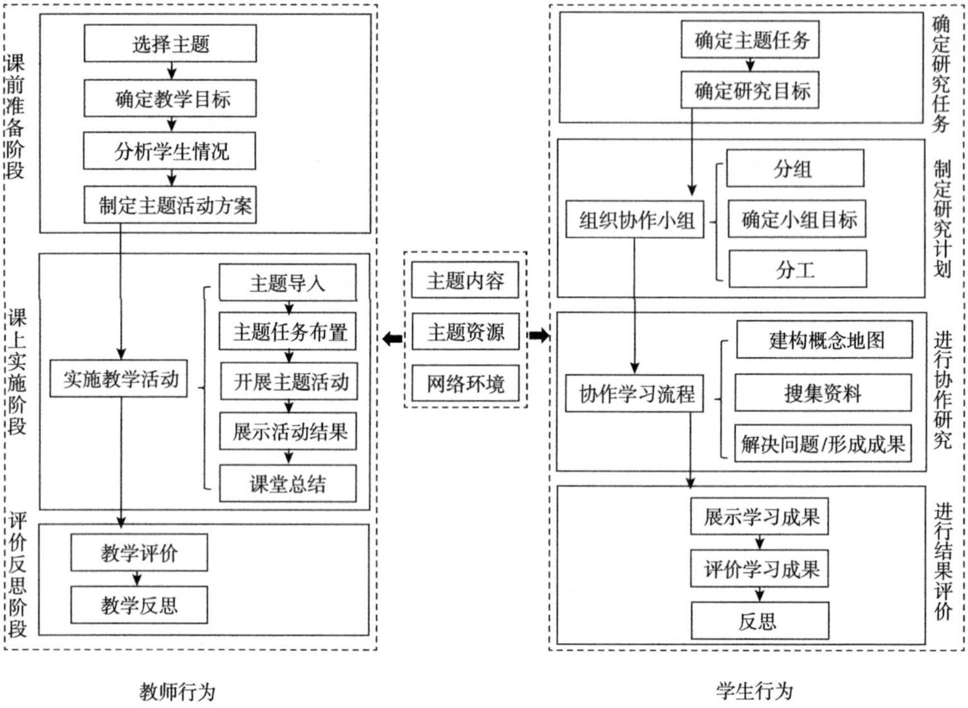

图 3-5 基于信息化教学资源主题教学过程流程

（一）确定主题

确定主题时应注意以下方面：

第一，主题内容要集中。确定的主题应能集中反映某一个特定主题的内容和知识，不能是松散的、没有条理的，涣散的知识体系会让学生不知道学习内容究竟是什么，从而造成课堂教学的迷航，无法达成预想的教学目的。

第二，主题要适合教材和学生。学习活动要具有内容性和真实性。没有内容的学习活动必然是空洞的、机械的，脱离了现实生活的学习也是没有价值的。主题既注重教材与教学任务相结合，又应该和学生的生活相联系，选择主题时应关注人类迫切需要解决或在日常生活中常常会遇到的、与现实生活密切相关的人生问题，如暴力、环境保护、和平等问题。这些主题对于学生来说比较熟悉，学生能够有话可说，能够激发学生的兴趣和创造性，使学生能主动学习，较好地发挥主观能动性。

第三，主题任务要具有可行性。确定主题时，除了考虑是否能促进学生的发展之外，还应设定在学生力所能及的范围内，使学生能够利用自主学习、协作学习的方式，通过查找文献、收集素材、实际调查等方法进行探索和研究，因此，主题应是对学习任务和学习内容的深度提炼。

（二）确定教学目标

教师要明确在主题教学活动中应完成的教学目标。教学目标是教学活动中的重要环节，明确了教学目标，学生才能了解自己要学习的内容和通过学习应达到的水平，才能有效提高学习效果；明确了教学目标，教师才能把握教学活动中深度，才能有效地实施教学。主题教学是以主题为中心进行的活动，教师应对主题进行分解和提炼，找到核心点，做好教学目标分析。目标的制定应围绕主题教学模式的功能目标进行，从知识与技能、过程与方法、情感态度及价值观三方面进行合理分析与设定。

（三）学生情况分析

对学生的情况进行分析时，主要从学生的学习兴趣和现有的知识、经验等方面展开。兴趣是促使学生进行学习的源泉，如果学习内容和学习方式是学生感兴趣的，学生就会自发产生学习动力，全身心地投入学习活动中。而在主题教学过程中，学生现有的知识与经验是教学设计的基础，探究的内容既要再现学生已有的学习经验和生活经验，又要以此为基础。如果学生找不到进行发展的基础和支点，教学活动不仅无法吸引学生，甚至会让学生失去完成学习任务的信心。因此，教师应注重以学生现有的知识为基础，探索学生的最近发展区，让学生综合运用各种知识或经验进行有效的自主学习和协作学习，引导学生全身心地投入学习。

（四）制定教学活动方案

教师对与主题相关的内容有初步了解后，首先，要对主题进行结构化分析，提炼主题的框架，制定教学活动方案；其次，考虑学生为完成主题学习的任务而要采用学习方式（如自主学习、协作学习等）和学习成果的表现形式（如主题辩论、主题演讲、调查报告、主题戏剧表演、主题写作等）。同时，需要了解主题内容的现状，分析和主题相关的可用资源，对已有的资源和素材按照主题的内在结构进行整理和分类，并合理有序地呈现出来；最后，构建符合实际教学内容的教学流程，包括教师行为、学生行为和教学资源的使用等课堂实施过程中的细节。

（五）实施教学活动

教学活动是整个主题教学的核心，在实施过程中教师应注意充分发挥学生的主体作用，同时要调控课堂，使教学活动能够有序地进行。

1. 导入主题

主题导入是指将主题与学生现有的背景知识和已掌握的经验联系起来的过程。在此阶段中，教师提供与主题相关的背景知识，激发学生对该主题的联想，引起学生的注意，使学生产生学习的愿望，明确主题学习目标。学生对即将学习的内容形成初步的了解，才能为进入该主题的全面学习做好准备。在主题导入过程中，教师可利用多媒体及网络工具播放图像或影音材料，让学生迅速进入主题。

2. 布置主题任务

学生初步了解了学习内容和目标以后，教师要进一步将学习内容具体化，使学生明确自己的学习任务，即接下来需要做什么、应该得到什么样的结果。教师在交代主题任务的同时，可以对实施过程中采用的方式方法进行引导，提醒学生在实际操作中可能会遇到的问题和需要注意的事项，这样在一定程度上可以避免某些特殊情况对学生探究活动的干扰。

3. 开展主题活动

在主题教学中，教师与学生的角色发生了转变，学生成为教学活动的主角，教师的角色从课堂的主体变为教学活动的协助者，及时引导和帮助学生进行自主探究和协作学习。教师应对活动过程进行调控，鼓励学生大胆思考，选择合适的机会帮助学生对主题进行深度探究，使学生能够在主题活动中习得科学的解决问题的方法，养成正确的学习态度。

4. 展示学习成果

主题教学是以主题为中心进行的探究活动，探究的结果对整个学习起到了画龙点睛的作用，在教学活动中教师应鼓励学生以多种方式展示学习成果。将学习成果展示出来会使学生产生被关注感，有利于激发学生主动学习的积极性。

5. 课堂总结

以活动为中心，由学生作为课堂的主体进行自主探究和协作学习，通过这种方式所掌握的知识可能比较零散，因此，主题活动后教师对知识点的总结就显得尤为重要，教师对知识结构体系的概括可以帮助学生进行反思，有益于学生对知识意义的建构。

6. 教学评价

教学评价是有效教学的基础，是教学过程中十分重要的环节。全面且深刻的教学评价既是对教师教学成果的检验，也是学生对学习效果的反思，在教学过程中发挥着重要作用。在传统教学模式中，评价通常被定位于教学流程的最后一个环节——这是传统教学更关注学习结果评价，即终结性评价的表现。在网络环境下的主题教学中，教学过程不仅仅是以教师为主体向学生灌输知识，而是教师的教与学生的学的互动，其间学生的状态与表现是不可忽视的，这是引导教师进行课堂调控的必要指标，及时掌握学生在学习过程中每个环节的学习情况对顺利完成教学目标有着不可忽视的作用。因此，在主题教学流程中的评价不是教学过程中的一个独立环节，而是作为一个因素贯穿于主题教学的始终。

7. 教学反思

教学反思一般是指教师对教学实践的再认识、再思考，并以此来总结经验和教训，从而进一步提高教育教学水平。这里提到的教学反思不仅包括教师对教学活动的反思，也包括学生对自己探究过程的总结与思考。在网络环境下的主题教学以学生为主体，教师和学生的角色都发生了变化，教师需要对活动设计及实施的全过程进行反思；而学生作为学习活动的主体，以探究的方式进行学习，更需要对自己学习的过程进行反思和总结，找出探究过程中存在的问题，进而为以后的探究学习提供参考，形成良好的学习习惯和态度。深刻且全面的教学反思是逐步提高主题教学质量的最佳途径。

（六）基于资源的主题教学设计模板

模板是一种帮助、引导或支持教学设计的框架，它将教学设计中的要素提取出来，形成一个整体结构。参照模板可以便于设计基于资源的主题教学计划，但模板只能作为一种普遍性的参照，在教学过程中还应该根据实际情况进行拓展或变通，使其符合具体情境的需要。

主题开发的路径可以概括为四种类型：①以学科为中心的主题开发，一般是指根据学科的学习进程而进行的学科知识的拓展；②以社会为中心的主题开发，主题的范围比较广泛，大的可以是国家的历史、文化以及国际关系等方面，小的可以从学生身边小事出发，让学生了解现实社会；③以自然环境为中心的主题开发，其范围也比较广泛，通常和社会主题相联系；④以学生为中心的主题开发，就是从学生的兴趣出发，让学生亲自参与主题开发，充分调动学生的积极性，使学生全身心地投入主题学习中。

（七）基于主题式教学模式有效应用的策略

主题教学是以学习者为核心的学习，教师的任务就是要给学生构建一个适合主题学习的环境，并在学习过程中给予适当的辅助和指导。主题学习的自由度很强，虽没有固定的模式，但也有其自身特定的规律。确定主题需遵循以下原则：

一是集中性原则。为了使学生能够把握学习内容的核心，主题应该集中反映某一个特定专题的内容和知识，而不是松散的、没有条理的。

二是开放性原则。主题应该具有一定的开放性，既要同课本或教学任务相结合，又应该能够激发学生的兴趣和创造性，与学生的已有经验和生活实际有一定的联系，便于学生发挥自己的主观能动性。

三是可操作原则。主题应具备学生应用文献法、实验法、调查法等方法进行实践研究的可能性，并能与学生的生活及社会实践密切联系，且既是学习任务和学习内容的深度提炼，又要在学习者的能力范围之内。

（八）网络环境下主题教学设计的一般流程

网络环境下主题教学设计的一般流程如图 3-6 所示。

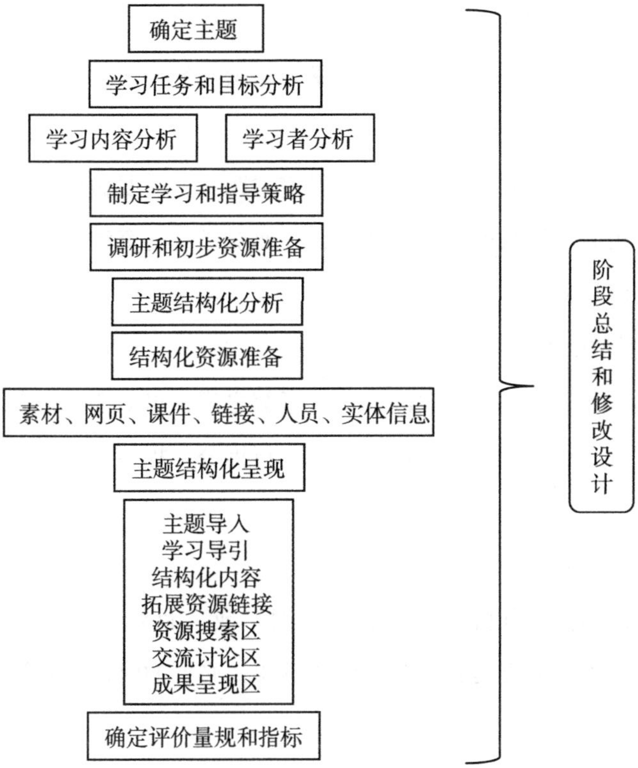

图 3-6 网络环境下主题教学模式设计流程

1. 学习任务和目标分析

学习任务，可以是一个比较宽泛的主题，如“找规律”，也可以是某一章节的内容，如“图形的拼组”；选定目标后教师要认真分析学习任务，对其进行拆分和提炼，找出核心“任务”。

2. 学习内容和学习者分析

学习内容包括既定的和不确定的两大类，不确定的内容在教材和教师的知识结构中不一定存在，需要教师重新收集和组织。学习者分析和学习内容分析一般同时进行，其中在进行学习者分析时，要重点分析学习者的能力结构，如其知识结构中是否有要学习的任务和内容的知识背景、能否适应基于网络的学习、能否进行相互协作等。

3. 制定学习和指导策略

学习和指导策略指学生为完成主题学习活动要采用的程序、方法、学习形式等，如小组协作学习、个人自主学习、学习步骤、答疑形式等。

4. 调研和初步的资源准备

在分析学习内容、明确学习任务并界定主题后，需要做前期的调研，以初步了解该主题的相关内容当前的进展情况，并要对已有的资源和素材按照主题的内在结构进行整理和分类。

5. 主题的结构化分析

在确定主题并对主题的相关内容初步了解之后，可对要呈现的主题进行结构化的分析，即对主题的相关内容按照结构进行拆分，提炼出该主题的“目录”或“提纲”。

6. 结构化资源准备

对主题进行结构化分析后，各个“提纲”或“目录”需要有相应的资源来表现，并以此为依据来收集和组织相应的资源，必要的时候应对资源进行相应的处理。

7. 主题结构化呈现

主题的结构化呈现在网络环境下的主题教学中具有特殊的地位，将直接关系到主题呈现效果的优劣，进而影响学习者的主题学习质量。一般来说，需要结构化呈现的内容分为主题本身的内容、教师的学习指导、工具三大部分。

8. 确定评价量规和指标

评价量规和指标是指教师评价学生进行主题学习的效果的依据。网络环境下主题学习的评价需要把握激励性原则、过程性原则与关注体验原则。在各个阶段完成后，要做简单的阶段小结，对不适宜的地方随时修正。

需要注意的是：以上流程只是对主题教学设计实践的粗浅探索，主题教学设计是一个开放的、动态的过程，针对不同的主题、不同教学情境，需要对设计作相应的调整，具有很大的灵活性，教师应在实践中不断探索，根据自己的教学需要进行选择。

（九）合理组织信息化资源（工具）

网络环境下的主题教学是一种基于资源、工具的学习，信息资源、工具的组织应用是否合理对教学效果有很大影响。从教师的角度来看，教师必须要管理和利用各种专题教学资源来进行教学，同时教师应合理地对学生开放或控制各类教学资源，以此来满足不同学生的学习需求。从学生的角度看，合理有效的资源管理能够更好地促进学生对专题的学习。因此，教师在组织资源时不仅要以学习内容为依据，还要以学习者分析信息的能力，以及不同的认知方式、学习组织形式、学习方式等因素为依据，如表 3-2 所示。

表 3-2 **资源组织方式与其影响因素之间的关系**

影响资源组织的因素		资源的组织方式
认知方式	场独立型	给予更多的学习主动权，提供更多的链接
	场依存型	提供较多的支持，适当减少学习者在节点之间的跳跃
处理信息的能力水平	强	减少信息代理
	弱	提供较多的信息处理能力的代理
学习内容	良构	宜放在本地服务器上
	非良构	放在分布式的网络地址
学习类型	个人	采取较多的动态拉取方式
	小组协作	将教学资源蕴涵在案例中
学习方式	同步	资源的组织要简明、短小、快捷

一般来说，主题教学都要以网站为载体来组织各种资源，主题学习网站是学生进行主题学习的重要入口和媒介，为主题学习提供了集约化的资源环境，在以网站为载体组织资源时应主要从以下几个角度来考虑：

1. 学习内容角度

依据建构主义中认知灵活性的观点，知识分为良构知识和非良构知识。在组织这两种学习资源的时候，就应根据知识的特点采取不同的措施。

（1）小到简单的放置方式：一般结构良好的学习资源宜放在本地服务器上，

作为相对较固定的学习材料，或作为经典理论或框架式提纲的来源。而结构不良的知识内容应放在分布式的网络地址上，供学习者参考和开拓思维；

（2）大到导航设计：对良构知识内容精心构造，组织加工，以训练学习者的逻辑思维为目标。在对非良构知识的构建过程中，导航与节点的设计是最关键之处，除了必备的合理的知识关系反映图（网络结构知识点之间的关系）外，还要利用页面提供的刺激使学习者产生反应的主要因素进行设计，并在节点转换前予以特殊说明，利用刺激提醒学习者清晰地知道自己所处的位置，去向何处，怎么去，等等；

（3）再大到教学策略：非良构知识揭示了知识的多种关联性以及对情景的依赖性，可以帮助学习者形成对概念的多角度理解，并与具体情景联系起来，转化为背景性经验，适宜探究的教学方式；良构知识则更适合学生自主学习。

2. 学生的信息技术素养角度

学习者的信息技术水平有强弱之分。对于能够准确进行信息定位并能灵活运用的学习者应减少信息代理；而对信息处理能力较弱者，应该在学习前提供较多的信息处理能力的代理。例如，每次上课的前几分钟，教师都要先布置本节的具体任务，并根据课下对学生作业的检查，提出基本要求和较高要求。在整个学习过程中，教师要对学生进行指导，如对不会使用软件的学生进行培训、告诉学生如何获取及有效地利用资源、解决学生在完成作品的过程中遇到的疑难问题，等等。

3. 学习类型角度

网络学习又可分为个别化学习和小组协作式学习。在个别化学习中，对于网络信息宜采取较多的动态拉取方式，学习者所获得的信息将有利于个别问题的解决，以适合个体的知识结构建构。而在小组协作式学习中，应以案例为基础，将信息蕴涵在其中，并以公共问题的解决为主。

好的设计和资源组织如果不能落实到实施阶段，其价值便无法体现。设计只能是一种预设，它保证了教学效益的底线。但是这种预设并不是精确且线形排列的，应是开放、动态的，在实施时教师要能根据具体情况平衡处理。通过上面的分析不难发现：经过精心设计的活动方案和资源，如果没有深谙教学策略的教师引导和调控，很难发挥其教学作用。相反，即使有时案例和资源设计不够完美，但教学实施过程中却得到了教学策略丰富的教师的修正，通过合理的调控反而取得了意想不到的效果，可见教学策略对于学习效果达成的重要作用。在网络教学与研究的实践领域中，人们从不同的角度、立足于不同的理论背景和实践领域，提出了各种各样的教学策略。笔者对目前众多的教学策略进行分析，提炼出应用于网络环境下主题教学实践的一些典型策略，如表 3-3 所示。

表 3-3　　**网络环境下主题教学策略的应用**

<table>
<tr><th colspan="3">策略类型</th><th>应用范围</th><th>操作步骤</th><th>关键环节</th></tr>
<tr><td rowspan="3">教学情境创设策略</td><td colspan="2">抛锚教学策略</td><td>知识、技能的迁移</td><td>目标—抛锚—建构</td><td>锚的设置</td></tr>
<tr><td colspan="2">情境启发策略</td><td>创新思维能力的培养</td><td>情境—引导—总结</td><td>真实情境的创设</td></tr>
<tr><td colspan="2">认知学徒策略</td><td>动作技能的训练与培养</td><td>任务—专家指导—实践</td><td>真实任务的完成</td></tr>
<tr><td rowspan="3">教学内容组织策略</td><td colspan="2">问题解决策略</td><td>专题问题的解决</td><td>问题—学习支持—解决问题</td><td>复杂问题的解决</td></tr>
<tr><td colspan="2">任务驱动策略</td><td>知识、技能的获得与迁移</td><td>任务—机制驱动—观点形成</td><td>任务的设定</td></tr>
<tr><td colspan="2">知识模块策略</td><td>模块化知识的表征</td><td>知识—学习组织—构建模块知识</td><td>模块知识的形成</td></tr>
<tr><td rowspan="3">教学活动组织策略</td><td rowspan="2">自主学习策略</td><td>支架式策略</td><td>相关概念获得</td><td>概念框架—攀升—意义建构</td><td>概念的衍生</td></tr>
<tr><td>十字交叉策略</td><td>结构不良领域的高级知识获得</td><td>概念—交叉学习—全面理解</td><td>交叉维度的表征</td></tr>
<tr><td colspan="2">协作学习策略</td><td>情感、态度的形成</td><td>专题—探索讨论—展示成果</td><td>协作的方式和态度</td></tr>
</table>

以上讨论的是网络教学环境下常用的教学策略及其在教学实践中的应用。各种教学策略在教学实践中并非单一地发挥作用，没有任何一种教学策略能够适用于所有的教学情境，有效的教学需要有可供选择的多种教学策略有机融合并应用于教学实践，来达到不同的教学目的，完成不同的教学任务。还有很多能够有效应用于教学的策略有待于进一步的探索研究和实践验证。

第四节 基于信息化教学资源的协作学习模式

一、基于信息化教学资源的协作学习模式概述

（一）协作学习的定义

协作学习是一种以小组活动为主体的学习方式，学习者依据某种因素组成学习小组，小组成员之间通过对话、商讨、争论等形式相互帮助、相互合作、共享信息和资源，最终完成一定的学习任务，达成一定的学习目标。它通常由协作小组、成员、教师和协作学习环境四个基本要素组成，主要有竞争、辩论、合作、问题解决、伙伴、设计和角色扮演等基本模式。

（二）协作学习的特点

1. 强调小组整体学习目标的实现

学习小组是协作学习的基本单位。协作学习提倡根据每个小组完成学习目标的整体情况来进行激励，从而将个人之间的竞争转化为各小组之间的竞争，使每个小组成员在各自的小组活动中都最大程度地发挥自己的潜能。

2. 小组活动是协作学习的主体，强调异质分组

协作学习的根本特色是小组活动的有效组织与开展，依据某些因素将学习者划分为不同的学习小组后，以小组为单位进行协作学习活动，小组成员之间既分工又协作，共同完成本小组的学习任务。在小组活动中多采用异质分组的方式，使小组成员在性别、知识基础、认知结构、成绩、能力等方面存在一定的差异，并且具有互补性，这样有利于协作学习活动的有效开展。

3. 注重目标的导向作用

协作学习是一种以目标为导向的学习活动。不同的教学目标与学习目标对应着不同的协作学习策略。其目标具有系统性，可以将总目标分解成多个子目标，子目标对应具体的学习任务，对实现总目标至关重要。

4. 重视小组成员之间的互助与合作

协作学习将学生之间的相互作用、互助合作视为教学活动赖以进行的不竭动力。每个小组成员既要积极完成自己必须承担的任务，又要与本小组中的其他成员进行积极交流与合作，实现本小组的学习目标，小组成员之间是一种积极的正相的依赖关系。

（三）基于信息化教学资源的协作学习模式的概念及特征

对教师而言，基于信息化教学资源的协作学习是指教学专家协助教师或教师协助学生利用各种网络资源或信息资源完成教学任务、达到教学目标的学习活动。它有四个特征，一是开放性。在网络上使用引擎搜索可以找到自己想要的信息资源，如教学视频；也可以通过网络聊天工具如 QQ、微信等进行沟通交流。二是协作性。学习者结合自身实际情况来搜寻信息资源。三是时效性。丰富的网络资源不仅可以满足各式各样的学习者的需求，而且某些资源的更新速度较快，学习者随时随地可以利用计算机找到自己需要的资料。四是储备量大。虽然网络资源库更迭飞快，但储备量较大。它与传统学习模式最大的不同是不以线性为主线，而是侧重培养学习者动手解决问题能力。

基于信息化教学资源下的协作学习模式能鼓励学习者努力探索信息海洋，主动思考如何才能更好地与信息资源库建立直接关系，以有效利用网络资源，并运用到学习过程中。教师的角色作用主要是帮助学生在最短的时间内寻找到学习信息，这其实是不容易的，需要教师在平时教学中积累经验，才能在最短的时间内搜寻到教学材料，也需要靠学生个人的感悟理解，选择适合自己需要的材料。学习者在这种模式中把资源转化为个人知识，构建自身对资源的理解框架，从而学会学习。学习者亲自动手实践，可直接获得学习体验，进而了解信息化教学设计的操作流程，并在活动体验中完成学习任务。对于教师来说，主要是帮助学习者解决在学习活动中出现的问题，指导学习者在活动时遵循学习方向；对于学习者来说，主要是通过学习体验各种活动来完成自我建构，同时完成学习任务。

二、基于信息化教学资源的协作学习模式建构

基于信息化教学资源下的协作学习模式有助于提高学生的学习成绩和与学习

伙伴的合作能力，对于培养学生的创造能力、求异思维、批判思维及探索发现精神等都有明显的积极作用。在教学实践中应用协作学习教学模式需要与教学设计紧密结合，教学设计包括协作学习环境的设计、学习资源的设计、学习任务的设计、学习小组结构的设计、协作学习活动过程的设计、协作学习结果评价的设计等。在基于信息化教学资源的协作学习模式中，学习者依据一定的要素组成小组，制定目标，确定计划，分工合作，交流成果，总结评价。具体而言，网络协作学习模式的一般流程包括以下步骤：

1. 分析学习目标与确定学习任务

根据教学大纲要求，并结合对学习内容与学生个体发展特征的分析，确立学习目标，进而转化成学习任务。协作学习的目标具有系统性，一般会将其总体目标分解成很多子目标，子目标与具体的学习任务密切相关，子目标的确定和解决对总体目标的实现是至关重要的。任务是协作学习的基础，也是激发学生的学习热情和求知欲的核心。任务设计得好不好，对学习者的学习动力有很大影响。教师要尽量选择具有一定复杂性和开放性的任务，以促进学习者之间的协作；同时也要考虑到任务本身的趣味性，以弥补教师不能面对面监督的缺陷。只有这样，才能刺激学生的内在需要，使他们在协作完成任务的同时，获得一定的知识和技能。

2. 创设情境与整合资源

网络协作学习要在一定的情境下开展，要充分发挥网络资源可以综合处理多媒体信息（如图形、图像、声音、动画等）的优势，创设恰当的情境，让学生在情境中加深对学习内容的理解和把握。创设情境时既要考虑学习者的知识基础、又要考虑他们的认知能力和学习方式；既要保证所创设的情境能对学习者有较强的吸引力，也要保证能体现“以学习者为中心”的思想，还要注意有利于发挥教师在网络协作学习中的主导作用。多元化的、丰富的教学资源，可以为开展网络协作学习提供坚实的基础，但内容丰富、种类繁多的信息资源往往缺乏一定的分类标准，可能导致各种资源的杂乱无章和重复建设，使学习者很难选择。这就要求教师必须提前对信息资源进行细致的研究、精心的分析、合理的选择和有效的整合，设计制作成资源库，并提供相关的参考资源和搜索方法，以有效地促进学习者的知识建构，提高学习效率。

3. 建立小组开展协作学习

在网络协作学习中，经常采取将学习者按照一定的规则分成学习小组的方式。一般采用异质分组的方式，尽量遵循组内异质、组间同质的原则。小组成员要在性别、学习兴趣、学习风格、学习态度、学习方法与能力、知识背景等方面存在一定的差异，并且应具有一定的互补性。分组时可以采用学习者自愿组合和教师适当调控相结合的方式进行。小组人数一般控制在 3~5 人为宜。每个学习小组都要选出小组长，同时要保证每个小组成员都担负小组学习任务，都能积极参与学习活动。小组长负责组织学习小组的活动，小组长的主动性、积极性将会直接影响整个学习小组的协作学习效率。小组成员之间是一种积极的正相互依赖关系，每个小组成员既要独立完成自己的工作，又要与其他成员积极进行交流，以期实现小组共同的学习目标。小组协作学习活动可以分为组内分工、组内协作、组内评价等步骤。小组长要组织制定详尽的组内活动计划并有效地组织和管理小组学习活动。指导教师要经常参与小组活动，并进行有效的学习方法、获取学习资源的途径等方面的指导，帮助解决协作学习中出现的各种矛盾和问题。

（1）小组内部分工

先由小组成员通过协商、讨论来确定主要任务，再由组长根据组员的实际情况提出任务分工，最后由大家共同决定每个组员的任务。在此过程中，教师的主要任务是协助解决分工过程中存在的一些内部矛盾和问题。

（2）小组内部协作

首先，小组成员明确各自的任务后，带着任务进入自我学习阶段，遇到疑难问题可通过网络与组员讨论或直接向教师请教。然后，组员将自己的学习成果向组内其他成员展示，组员之间通过各种异步或同步（如发表言论、提问回答、在线协商等）交流方式进行交流，协商解决各种问题与分歧。最后，整合小组学习成果。在此过程中，教师的主要任务是及时解答学习者提出的问题，跟踪学习者的学习活动记录，监督各组的内部交流与协作，鼓励学习者积极协作，引导他们自主探索。

(3) 小组内部评价

教师根据各小组成员在参与小组学习的积极程度、与其他小组成员的协作情况、完成学习任务的情况等方面的表现，对各组员进行评价。还要通过分析小组在学习过程中遇到的各种问题及解决方法，总结学习经验，评价学习成果。在此过程中，教师的主要任务是对小组的学习过程和学习成果进行总结与评价，指出不足并提供指导性意见，引导小组成员优化学习成果。

(4) 组间交流学习成果进行评价

各学习小组提交本组的学习成果，组间进行集中讨论与交流，发表自己的观点，小组之间既协作又竞争，推动学习过程进一步深入。教师根据小组成员的合理分工程度、整体协作学习意识、整体参与度、协作学习策略以及高级认知能力的发展等方面的表现，对各学习小组进行评价，同时，对各小组的学习成果和学习过程进行概括性的总结，教师在评价时要兼顾多目标性和开放性。

三、基于信息化教学资源的协作学习模式要素分析

基于信息化教学资源的协作学习模式由四个基本要素构成，即协作小组、成员、辅导教师和协作学习环境。

(一) 协作小组

协作小组是协作学习模式的基本组成部分，小组划分方式的不同，将直接影响协作学习的效果。通常情况下，协作小组中的人数不要太多，一般以 3~5 人为宜。

(二) 成员

成员指学习者，会被按照一定的策略分派到各协作小组中。成员的分派依据包括许多因素，如学习者的学习成绩、知识结构、认知能力、认知风格、认知方式等，一般采用互补的形式，有利于提高协作学习的效果。例如，学习成绩好的学生和成绩差的学生搭配，可有利于差生的转化，并促进优生在辅导差生的过程中实现对知识的融会贯通；认知方式不同的学生互促进相搭配，有利于发挥不同

认知类型学生的优势，从而促进学生认知风格的相互强化。协作学习的成员不限于学生，也可能是由计算机扮演的学习伙伴。

（三）辅导教师

辅导教师在协作学习模式中并非可有可无，因为有辅导教师存在，协作学习的组织、学习者对学习目标的实现效率、协作学习的效果等方面都可以得到有效控制和保证。协作学习对辅导教师提出了更高的要求，辅导教师必须具有新型的教育思想和教育观念，能由传统的以“教”为中心转变为以“学”为中心，同时还要实现二者的最优结合。

（四）协作学习环境

协作学习是在一定的环境中进行的，主要包括协作学习的组织环境、空间环境、硬件环境和资源环境。组织环境是指协作学习成员的组织结构，包括小组的划分、小组成员功能的分配等。空间资源是指协作学习的场所，如班级课堂、互联网平台等。硬件环境指协作学习所使用的硬件条件，如相关设施、教学工具等资源。资源环境是指协作学习所利用的资源，如虚拟图书馆、互联网等。

第四章　信息技术与课程整合

第一节　信息技术与课程整合概述

一、信息技术与课程整合的含义

（一）课程

课程（Curriculum）是指为了实现一定的教育目的而设计的学习者的学习计划或学习方案。这个定义是从学习者的角度把课程作为一种计划或方案来理解的，在学习方案中对学习者的学习目标、学习内容和学习方式进行了设计和规定。信息技术与课程整合应该从课程的各个方面入手，其中任何一个方面出现问题，整合的效果都会受到影响。有人认为信息技术与课程整合只应局限在教师与学生的具体活动之中，这显然过于狭隘，说明这种整合没有真正从课程的视角去思考，因此并不是真正意义上的课程整合。信息技术与课程整合应该考虑总体课程的目标、内容、组织以及科目内容、单元学习方案中的具体学习活动等，信息技术不仅要与课程的各个要素进行整合，而且还要与各种类型的课程进行整合——这种整合应该是全方位的整合。

（二）信息技术

信息技术（Information Technology）是国际上流行的说法，各国或地区在具体表述上也有一定差别，如在英国基础教育中称为信息和通信技术（Information and Communication Technology，ICT），而在法国则称为 TIC（Technology of Information and Communication）。信息技术的一般定义为：应用信息科学的原理和方法对信息进行获取、处理和应用的技术，它覆盖微电子技术、计算机技术、通信技术和传感技术而成为一门综合技术。显而易见，对于基础教育而言，信息技术应该注重的是获取、处理和应用信息的能力。

（三）信息技术与课程整合

信息技术与课程整合的概念最早源自西方的“课程整合”的概念。在英文中，“整合”为 Integration，这一单词在汉语中有多重含义，如综合、融合、集成、一体化等，但它的主要含义是“整合”，即由系统的整体性及其在系统核心的统摄、凝聚作用而导致若干相关部分或因素合成一个新的统一整体的建构、程序化的过程。其具体要求体现在教育、教学中，指教育、教学中各要素的整体协调、相互渗透，以发挥教育系统的最大效益。课程整合的内涵是对课程设置、各课程教育教学的目标、教学设计、评价等诸要素进行系统的考察与操作，提倡用整体的、联系的、辩证的观点来认识、研究教育过程中各种教育因素之间的关系。狭义的课程整合则是考虑到各门原来相互分裂的课程之间的有机联系，将这些课程综合化。所谓信息技术与课程整合是指将信息技术以工具的形式与课程融为一体，将信息技术融入课程教学体系各要素中，使之成为教师的教学工具、学生的认知工具、重要的教材形态、主要的教学媒体。第一，应该在以网络和多媒体为基础的信息化环境中实施课程教学活动。第二，对课程内容进行信息化处理后成为学习者的学习资源。第三，利用信息加工工具让学习者改变学习方式，进行知识重构。在信息化学习环境中，由于将信息技术与课程进行整合，使得学习者的学习方式发生了重要的变化：①学习是以学习者为主体的，可以是个性化的，能满足个体的需要；学习是以问题为中心的；②学习过程是通信交流的过程，学习者之间、教师与学生之间是协商的、合作的；③学习过程具有创造性；

④学习可以随时随地进行的。可以说，学习者的学习可以不再只依赖教师的讲授和学习课本，而是可以利用信息化平台和数字化资源在教师、学生之间展开协作学习，并通过对资源的收集利用来探究知识、学习知识、展示知识。因此，通过信息技术与课程整合，可以使学习者掌握信息时代的学习方式，包括会利用资源进行学习；学会在数字化情境中进行自主学习；学会利用网络通信工具进行交流，协作学习；学会利用信息技术，进行创造性学习。总之，学习者可以利用数字化工具，对课程知识或内容进行重组与创新。

在信息技术与课程整合的过程中，不是把信息技术仅仅作为一种新的教学媒体来使用，而要将信息技术与原有教学结构中的各个要素——教师、学生、教学内容、教学媒体有机结合，形成在信息化环境下的新的教学结构——这种结构由具有信息素养的教师、具有信息素养的学生、信息化的教学内容、数字化教学媒体资源组成。

这里需要注意一个问题：信息技术与课程的整合具有双向性，应该是双向整合，即信息技术整合于学科课程和学科课程整合于信息技术，两者应各取所需，前者是研究信息技术如何改造和创新课程，后者是研究课程创新中如何开发和利用信息技术。

（四）信息技术与学科课程整合的三大核心领域

信息技术与学科课程整合的特殊性何在？在教学实践中，信息技术与学科课程整合的意义已经远远超过了一般课程之间的整合，它的目标是多方位的，总结起来可以分为三大核心领域。

第一，信息技术作为学生必须掌握的一类学习内容——信息技术课程。可以把整合理解为信息技术课程的目的、任务与学科课程教学的目的、任务整合在同一教学过程之中，信息技术本身就是学生的学习对象和目标。因此，信息技术作为学习内容，无论是教材形式设计，还是教学方式选择都应该有一个新视角，促使学生不仅学习了信息技术，提高了信息素养，而且还有利于其他学科的学习。可以说，信息技术的角色既是学习目标，又是学习工具。

第二，教师可以利用信息技术进行教学——教学工具。信息技术与学科课程进行整合时，大多将信息技术作为教学工具和手段融入学科课程中。这是信息技术应用于学科教学的初级形式。信息技术在学科教学中有利于教师改善教学手段，提高教学效果，为教师的教学提供了一条超时空的隧道，同时，它将网络上丰富多彩的信息资源呈现给学生，为学生的学习创造了广阔天地，提供了多样化的学习环境，增强了对学生思维兴奋点的刺激。

第三，学生可以利用信息技术进行学习——认知工具。学生同样也可以作为主体来运用信息技术。学生掌握了必要的工具软件的运用技能，就可以进行自主学习，以便更好地丰富原有的认知结构。

（五）信息技术与学科课程的四种整合观

对于信息技术与学科课程整合的认识，是一个不断发展和变化的过程，人们从不同的视角分析和理解这种教学和学习现象，产生了多种不同的观点，这些观点各有其合理性及意义，都在一定程度上从不同的侧面把握了信息技术进入教育教学领域的基本规律，同时这些观点也可以在信息技术与课程整合的实践过程中找到例证。从总体上看，可以把 20 世纪 60 年代以来影响较大的整合观概括为以下四种。

1. 保护主义的整合观

当信息技术的影响力达到人们不可忽视的程度时，便产生了一种要求学生远离信息技术的观点，这种观点要求将学生与现代媒体隔离，特别强调将信息技术带给学生的消极影响彻底消除，提倡有选择地整合信息技术，以减少信息技术对学生的消极影响，这种观点就是所谓的保护主义的整合观。因此，人们试图阻止学生收看某些节目或访问某些站点，并设计了使学生不能浏览有害站点的应用软件。成年人在将媒体所表现的信息分为好与坏的相对价值判断的指导下，将学生与媒体的消极影响隔离的方法已经发展到了极限。事实上，学生与现代信息技术的接触点，已经远远超出了成人的控制范围，并且这种保护主义的做法有时还可能起到相反的效果。

2. 技术主义的整合观

如果说保护主义的整合观体现了明确地与社会行为规范紧密结合的理性主义，那么技术主义的整合观就是以效率性和经济性为基础的机能主义。技术主义的核心目标是促进教学过程最优化，提高教学质量和学习质量，它认为在教学和学习中可以利用信息技术解决各种实践性问题。技术主义的整合观对提高学生的学习兴趣、理解能力以及反复练习、巩固知识都是具有重要意义的。其问题主要有两个：一是忽略对信息技术本身的思考，只将信息技术作为实现学科教学目标的手段，而忽视了信息技术的教学。因此，技术主义的整合观确实不利于培养学生的信息技术能力；二是学生只是单向的信息接受者，也就是说，它将知识和能力的给予者与接受者完全分开，并且十分重视提高教学传递的效率。

3. 主体行动主义的整合观

主体行动主义的整合观具有各种各样的特性，如批判性、开放性和能动性等，但是最重要的特性是它积极地面向社会主体。社会主体应该是构成社会的要素，并具有变革社会的能力。信息技术也是现代社会的构成要素之一。社会主体在接受信息技术所承载的信息时，并不是无意识地进行的。它会依据自己的经历和所生存的社会环境来理解信息技术所提供的内容，利用信息技术表现自己感兴趣的内容。由此可知，信息技术一方面可以作为接受和理解社会信息的手段，另一方面也是人们表达对社会各方面的看法的手段。从人本的角度出发，主体行动主义与保护主义、技术主义有很大的不同。它既不主张在恶劣环境中消极防守，也不提倡只是被动接受知识，它倡导能动地利用信息技术，运用信息技术进行交流，而且应该作为社会的主体积极主动地改变信息技术环境。实际上，对信息技术的应用也包括思考社会行为本质的问题，学生应该在实际活动中学习，并充分发挥学习的主体性——在信息社会中生存的学习者，应具备根据实际情况，发挥自主性、创造性的行动能力。因此，在信息技术与学科课程整合中，教师为了提高学生的知识水平、促进学生的社会性及认知能力的发展，应该为学生创设可以亲身体验的和可以进行活动的良好条件，通过对学生与信息技术相联系的接触点设计，提高学生的社会行为水平。在具体操作时，整合的出发点应该是学生的实际生活，与学生目前和未来的生活状况相关联；整合应该在各种各样的交流中进行，应该不断扩大学生与信息技术、学生与学生、学生与教师交流的可能性；应该收集学生的各种需求或意见，按照学生的实际情况和需要改进方法；学生应该将自己的亲身经验带入整合的学习过程之中，并形成与信息技术相关的直接经验；整合应该从学生的社会和认知发展水平出发，促进学生的全面发展。

4. 工具主义整合观

工具主义整合观是近年来在美国产生的一种新观念。美国国际教育技术协会先后针对学生、教师和教育管理者等角色分别制定了教育技术标准和相应的绩效指标。信息技术应用于教学和学习应能促进学生主体性的充分发挥，使得学生真正成为学习活动的主体。它不仅可以作为教师的教具，而且更能成为学生的学具，即作为学生的实成性学习工具。进行信息技术教育的目的，是获得对信息技术更深刻的理解，而不是仅仅使用一些信息技术工具。信息技术教育不只是讲授信息技术基本知识，更重要的是让学生能运用信息技术解决问题和处理信息，提高学生解决问题的能力。因此，教师应该全面理解和掌握信息技术，设计能够保证充分发挥信息技术作用的学习环境和教学环境，认真研究如何运用信息技术的教学策略，解决整合的根本性问题，并重视信息技术与学科课程整合中的人文问题。

二、信息技术与课程整合的目标

信息技术与课程整合的宏观目标可概括为："建设数字化教育环境，推进教育的信息化进程，促进学校教学方式和学生学习方式的根本性变革，培养学生的创新精神和实践能力，实现信息技术环境下的素质教育与创新教育，培养具有21世纪能力素养的人才"。

（一）在学科教学中渗透信息技术教育，提高师生的信息素养

面向素质教育、基于信息技术的课程与教学改革，其根本要点是将培养和发展个体的信息素养作为渗透素质教育的核心要素。信息素养是信息时代的公民必备的素养。所谓信息素养指：①信息获取：包括信息发现、信息采集与信息优选。②信息分析：包括信息分类、信息综合、信息查错与信息评价。③信息加工：包括信息的排序与检索、信息的组织与表达、信息的存储与变换以及信息的控制与传输等。④信息利用：包括如何有效地利用信息来解决学习、工作和生活中的各种问题。例如，能不断地自我更新知识、能用新信息提出解决问题的新方案、能适应网络时代的新生活等。⑤信息意识：指对信息的深度感知，如对信息内容的批判与理解能力、运用信息的能力，具有融入信息社会的态度和能力。信

息技术与课程的整合，是渗透信息技术教育的基本途径，为发展包括信息素养在内的综合素养的教学活动，为加强信息技术教育提供了一个有效的平台。

今天，基于知识与信息的新经济形态已经崭露头角，以多媒体计算机和网络为代表的信息技术取得飞速发展，“21 世纪是知识信息的时代”成为共识。由新经济的发展带来的变化说明，随着我国现代化的进程，物质贫困的影响正在逐渐减弱，然而由于获取、交流和创造知识能力的匮乏而产生的“知识的贫困”或“信息的贫困”则正在深刻地影响着我国在 21 世纪的国际生存与竞争力。面对新世纪的挑战，为了实现教育的跨越式发展，必须重视将迅速提高青少年的信息素养作为渗透整个素质教育的核心要素，并将信息素养的培养融入教材、认知工具、网络以及各种学习与教学资源的开发之中，以形成个体对信息的需求，培养查找、评估、有效利用、传达和创造具有各种表征形式信息的能力，并以此拓展对信息本质的认识。

（二）完善拓展课程的学习内容，为多种专业人才的培养打下基础

通过信息技术与课程的整合，可以充实、完善、拓展课程的学习内容，实现从单一学科知识作为课程内容向逐步形成以高新技术为主体的综合知识型课程内容的转变，提高学生的学习兴趣，同时培养学生具有终身学习的态度和能力，引导学生主动吸取知识并能付诸日常生活实践，学生能够独立自主地学习，能够自我组织、制订并执行学习计划，并能控制整个学习过程，对学习进行自我评估。这样才能为培养社会发展所需要的各种人才打下基础。

（三）培养学生的自我适应、自我生存能力

在信息时代，知识成为推动社会生产力、经济竞争力的关键因素，并且知识的更新率加快，陈旧率加大，有效期缩短。另外，知识的高度综合性和各学科间的相互渗透，导致更多新兴学科、交叉学科出现，给人们的社会生活、经济生活、政治生活等领域带来难以想象、深刻而广泛的冲击波和影响力。在这种科学技术、社会结构发生剧变的大背景下，自我适应能力、自我生存能力将变得至关重要。在学校教育中，这些能力可通过综合学习、研究性学习予以培养。其中，信息技术的应用占有十分重要的位置，且信息技术与课程的整合是当前综合学习

的主要形式。

（四）促进教师教学方式的变革

在《基础教育课程改革纲要（试行）》中对教学过程的改革提出了明确的要求。教师在教学过程中应与学生积极互动、共同发展，要处理好传授与培养能力的关系；教师应尊重学生的人格，关注个体差异，满足不同学生的学习需要；创设能引导学生主动参与的教育环境，激发学生的学习积极性，培养学生掌握和运用知识的态度和能力，使每个学生都能得到充分的发展；大力推进信息技术在教学过程中的普遍应用，促进信息技术与学科课程的整合，逐步实现教学内容的呈现方式、学生的学习方式、教师的教学方式和师生互动的教学方式的变革，同时，充分发挥信息技术的优势，为学生的学习和发展提供丰富的教育环境和有力的学习工具。信息技术与课程的整合，促进了教师教学方式的变革，具体表现为：

（1）教师的功能和作用由“传道、授业、解惑”，转向对学生学习的帮助和指导。教师不仅仅是信息的传递者、知识的传播者，更是智慧的启迪者与学习活动的组织者、协调者。

（2）教师的地位由“首长”变为“平等中的首席”。

（3）数字化信息媒体由教师展示教学内容的工具，变为学生的认知工具。

（4）教师的主导地位由课堂上的显形行为转变为教学设计中的隐性行为。

（5）教师促进学生学习网络技能，能广泛收集各种分散的学习资源、学习信息，并注意在教师间、教育部门间交流，形成支援学习者学习的网络系统。

（6）注重对学生的信息能力的培养。

（五）促进学生学习方式的变革

信息技术与课程的整合为学生的自主学习、个性化发展提供了保证，促进了学生学习方式的变革。

（1）书本不再是唯一的学习资源，学生由依赖书本的学习转向利用多种媒体获取资源来学习。

（2）减少了对教师的依靠，学习的自主性加强。在以知识的传递、知识的学习为中心的传统教学中，学生是被动地接受知识，对学生的要求仅限于理解知识、掌握知识。信息技术的广泛应用要求学生从被动接受知识转变为主动接受知识，要求学生更注重学习方法、思维方法、讨论方法的掌握，具备一定的自我学习能力。

(3) 改变了学习的时空观：在空间上，学习由校内转向突破学校范围，实现了优质资源的共享；在时间上，人们再也不能只通过一段时间的集中学习获得够一辈子享用的知识或技能。人类将从接受一次性教育向终身学习转变，人生被分为学习阶段和工作阶段的时代已一去不返了。

三、信息技术与课程整合的意义

（一）信息技术与课程整合可以促进课程改革的深化

随着信息时代的到来，如何培养具有较强的创新精神和较高的信息素养的人才已成为当教育改革面临的重要课题。加强信息技术教育、实现信息技术与课程的整合成了不断深化中国育改革的重要途径。

在传统的教学结构中，教师用一支粉笔、一本书对学生进行机械的、单一的知识传授。教师是主动施教者，是教学过程中的绝对权威，通过口头讲授、板书把知识传递给学生；作为学习主体的学生，在整个教学过程中主要是用耳朵听、用手记，完全处于被动接受状态，并且，作为外部刺激的被动接受者，教材是学生获取知识的唯一来源。这种教学结构重视知识的传授、智力的培养，忽视能力、情感的培养，忽视学生在教学过程中的主体作用，忽视学生在学习过程中内在心理的发展变化，忽视学生的主动性和积极性的发挥。由于学生在整个教学过程中一直处于被动地位，学生的积极性和主动性没能调动起来，在此情况下很难达成“培养学生的创新精神”这一教学目标。

信息技术与课程整合就是要改变“以教师为中心”的教学结构，构建新型的、既能发挥教师主导作用又能充分体现学生主体地位的、主导—主体相结合的教学结构，充分调动学生的主动性、积极性和创造性，强调研究性学习、探究性学习、协作性学习和自主性学习等多种学习方式的统一，从而使“培养创新型人才”这一信息时代素质教育的目标落到实处，而这恰恰正是当前中国教育改革的立足点所在。从此方面上说，信息技术与课程整合对于革新传统教学结构、深化教育改革有着很深远的意义，主要表现在以下几个方面：①新型的教学媒体推动了课程教学内容表现形式与教材模式的多样化；②信息技术促进了教学手段的现代化和教学模式的变革；③信息技术与课程整合把教学媒体扩展为新的教育环境，并引起了教学结构的变化；④信息技术与课程整合提高了师生的信息素养；⑤信息技术与课程整合推动了整个教育目标与评价体系的变化；⑥信息技术与课程整合带来了人们教育思想、观念和课程教学理论与实践上的改变。

（二）信息技术与课程整合是优化学科教学的需要

自 20 世纪 90 年代中期以来，各地对信息技术与课程整合的探索不断推进，并取得了良好效果，在一定程度上优化了学科教学。

1. 为学科教学提供了现代教育观念和背景

以计算机为核心的信息技术能够使各种教学信息资源（包括教学理论、教学内容、教学方法等）、各种先进的教学媒体之间具有高度的灵活性和可重组性，使教师与学生有了多种选择，充分体现了面向 21 世纪尊重人、以人为主体的教育思想，教育的终身化、民主化、个性化才有可能真正成为现代教育观念体系的核心部分。同时，信息技术能及时带来国际社会教育发展和改革的新动向、新成果，为教育观念的现代化提供基础和外在条件。由信息技术带来的教育内容、教育手段、教育制度等方面的巨大变化，促使人们重新审视教育中的一系列问题，为教育观念现代化提供了内部动力。在信息技术的影响下，人们的生活方式等多个方面都会逐渐发生深刻的变化，并引起人们观念上的变革，从而潜在地推动教育观念的现代化，为学科教学的开展和优化提供了活性土壤。

2. 丰富了学科教学内容

信息技术与学科课程整合丰富了学科教学内容，主要表现在三个方面：第一，可以提供大量的教学内容以及教学辅助信息。信息技术解决了大信息量，甚至超大信息量的记录、存储、传输、显示、累加等问题，并且实现了实时的和非实时的交流机制和反馈机制，为教学资源的共享提供了一个完整的平台。第二，可以提供多媒体的、综合性教学内容。信息化的教学内容可以包含各种媒体信息，如图形、动画、图像、声音、视频等，使教学内容呈现得图文并茂、丰富多彩。第三，对教学信息进行最有效的组织与管理。按照人脑的联想思维方式，利用网状结构非线性地对教学信息进行有效的组织与管理，使各种教学信息的联系更紧密，有利于学习者进行创造性的主动学习。

3. 提供进行教与学的有效工具和手段。

以计算机为核心的信息技术可以为各学科教学提供形象直观、丰富有趣的交互式学习环境和多媒体教材，能使学习者的多种感官同时进入学习过程，形成参与性的、探索性的独立学习方式，有利于激发学生的学习兴趣，使学生产生强烈的学习欲望，触发学习动机，从而促进学习者的认知主体作用的发挥。同时，信息技术为教师提供了多种教学工具，教师可根据学科特点的不同，有针对性地选择有效的教学工具和手段。

（三）信息技术与课程整合是培养创新型人才的有效途径

信息技术与课程整合，不是把信息技术仅仅作为辅助教或辅助学的工具，而是强调要把信息技术作为促进学生自主学习的认知工具、情感激励工具和丰富教学环境的创设工具，利用信息技术提供的自主探索、多重交互合作学习、资源共享等学习环境，把学生的主动性、积极性充分调动起来，使学生的创新思维和实践能力在整合过程中得到有效的锻炼。由此可见，信息技术与课程整合是改变传统的教学结构、实施创新人才培养的一条有效途径，也是目前国际上基础教育改革的趋势与潮流。

1. 创造个别化的学习环境

信息技术融入教学，不仅成为教师的得力助手，同时也为学生打开了一片具有丰富学习资源的广阔天地。学生借助信息技术，提供相关学科的预备知识及开阔视野所需要的扩展知识，可以进行程度较深的自学，有能力的学生可以将学习范围扩展到标准课程之外，实现自主学习。另一方面，基于信息技术的学习资源内容丰富，并且具有交互的特性，可以激发自学能力较弱的学生的学习兴趣，允许他们以适合自己的节奏学习，让他们在学习活动中表现更加活跃。

2. 有效培养学生的信息能力

在信息技术飞速发展、信息资源极为丰富的信息时代，信息成为一种战略性资源，对信息的获取、分析、处理、发布、利用等方面的能力日益成为现代人基本的生存能力。整合信息技术和学科教学，有利于培养学生的信息能力。一方面，与网络特性的结合促进信息共享，有利于实现能培养合作精神并促进高级认知能力发展的协作式学习，有利于实现能培养创新精神并促进信息能力发展的发现式学习。另一方面，学习者可以经常在信息海洋中自由地探索、发现，并对所获取的大量信息进行分析、评价、优选和进一步的加工，然后再根据自身的需要加以充分的利用，在此过程中学习者的信息能力得到锻炼，使学习者能够主动运用信息并具有融入信息社会的态度和能力。另外，信息技术与课程整合还可以使学习者具有强烈的社会责任感，具有良好的与他人合作共事的精神，能推动社会进步并做出应有的贡献。

3. 培养学生具有终身学习的态度和能力

学习资源的全球共享，虚拟课堂、虚拟学校等现代远程教育的兴起，使人们可以随时随地通过互联网进行学习，学习空间获得大范围扩展，教育信息化还为人们从接受一次性教育向终身学习转变提供了机遇和条件。终身学习要求学习者能根据社会和工作的需求，确定继续学习的目标，并有意识地自我计划、自我管理，通过多种途径达成学习目标。要实现终身教育和终身学习，信息技术与课程整合是一条有用的途径。它能增强学生的批判性思维、合作技能，使教学个性化、学习自主化、作业协同化，使培养出的学生具有终身学习的态度和能力。

4. 培养学生掌握信息时代的学习方式

在信息化学习环境中，人们的学习方式发生了重大的变化。学习者的学习主要不是依赖教师的讲授与课本的学习，而是基于信息化平台和数字化资源，师生之间开展协商讨论、合作学习，并通过对资源的有效利用，探究知识、发现知识、创造知识、展示知识。因此，通过信息技术与课程的整合，要使学生掌握以下信息时代的学习方式：①利用资源进行学习，②学会在数字化情境中进行自主学习，③学会利用网络通信工具进行协商交流、合作讨论式学习，④学会利用信息加工工具和创作平台，进行实践创造性学习。

四、信息技术与课程整合的基本原则

信息技术与课程整合不等于信息技术与课程混合，其中影响信息技术整合效果的因素有很多。在利用信息技术之前，应该做好“三件”建设：一是硬件建设，主要是信息技术设备设施的建设。二是软件建设，即课程和教材的建设。三是潜件建设，即整合理论和方法的建设。其中潜件建设是起决定作用的。教师要掌握一定的信息技术，清楚信息技术的优势和不足，以教育理论为指导，根据学科教学和教学对象的需求，利用信息技术优化教学效果。具体说来、信息技术和学科整合时需遵循以下基本原则：

（一）运用正确的教育理论指导

在信息技术与课程整合的实践中，现代学习理论为信息技术与课程整合奠定了坚实的理论基础。在教学和学习的层面上，每种理论都具有其特定的正确性，但是推广到实践中却没有一种理论显现出普遍的合理性，换而言之，无论哪一种理论都不能涵盖其他理论而成为唯一的指导理论。否则，误入二元分立的思维方式易导致为了克服一种片面性而又陷入另一种片面性。例如，行为主义学习理论对需要机械地记忆知识或具有操练和训练教学目标的学习有其合理成分；认知主义学习理论的指导作用，主要体现在激发学生的学习兴趣、控制和维持学生的学习动机等方面；建构主义学习理论提倡给学生提供建构理解所需要的环境和广阔的建构空间，让学生自主地、发现式地学习，较适合不良结构领域的高级学习。而对于中小学生来说，由于他们正处在知识积累和思维发展阶段，认知结构还比较简单，自主学习能力还没有得到很好的培养，且这个年龄阶段的学生还缺乏自制力，因此，教师的指导、传授及人格魅力的影响，就有着不可替代性。教师在信息技术与课程整合的实践中应该兼顾各种理论的合理成分，根据教学对象、教学内容及教学媒体等多种变量，灵活地运用理论并指导实践。

（二）根据教学对象选择整合策略

人类的思维类型分为抽象思维、具体思维、有序思维和随机思维，并可进行组合。不同学习类型和思维类型的人的学习成效，与他们所选择的学习环境和学习方法有关。在长期的教学实践中也可以发现，有的学生不能主动地对外来信息进行加工，喜欢有人际交流的学习环境，需要明确的指导和讲授；而有的学生在认知活动中更愿意独立学习、个人钻研，更适应结构松散的教学方法或个别化的自主学习环境。因此，信息技术与课程的整合应该根据不同的教学对象，实施多样化、多元化和多层次的整合策略。

（三）根据学科的特点构建整合的教学模式

每个学科有其固有的知识结构和学科特点，对学生的要求是不同的。例如，语言教学的主要任务是培养学生运用语言的能力，训练学生在各种不同的场合下，用正确的语言，流利地表达自己的思想，很好地与他人交流。为此，应该利用信息技术，模拟出接近生活的真实语境，给学生提供反复练习的机会。又如，数学属于逻辑经验科学，主要由概念、公式、定理、法则以及它们的应用问题组成，数学教学的重点应放在开发学生的认知潜能上，通过给学生创设认知环境，让他们经历由具体思维到抽象思维，再由抽象思维到具体思维的思维过程，完成对数学知识的建构。而物理学和化学，是与人们生活、生产密切相关的学科，应注重培养学生的观察能力、解决问题的能力和亲自做实验的动手能力等。对那些需要观察自然现象或事物变化过程的知识，形象和直观的讲解有助于学生理解和记忆。但对培养学生操作能力的学科来说，如果用计算机的模拟实验完全代替学生亲手实验，则违背了学科的特点，背离了培养动手能力的学科教学目标。因此，对于不同的学科，既有相同的整合原则，也应该根据学科的特点采用不同的整合策略。

五、信息技术与课程整合的实现机制

（一）信息技术是实施整合的物质条件

没有信息技术，没有娴熟的运用信息技术的能力，那么信息技术与课程的“整合”只能是“凑合”。信息技术为整合提供了充分的物质条件，具体表现在它可以用于数字化硬件环境的建设、教育资源建设，以及作为优化教学的有效工具。

1. 信息技术是整合的数字化硬件环境建设的必备条件

数字化硬件环境建设是指建设能支持信息技术应用于教育的硬件设施，包括各种教学媒体校园服务设施，各种配套的教学、管理、实验设施等，主要分为：

（1）以多媒体计算机技术为核心的信息技术设施的建设。包括用于课堂教学的多媒体教室、多媒体语言学习系统、网络教室，用于个别化自主学习的 CAI 系统、电子阅览室，方便教师备课的电子备课室等现代化的教学场所。

（2）校园网络建设。包括校园局域网的建设和连接 Internet 的广域网的建设，以保证师生员工快捷、方便地获取相关信息资源。

（3）校园广播、电视设施的建设。包括配置相关的广播、电视设备，建设相应的电声、光学用房、实验室，建设校园广播网、电视网，使各种信息在校园里更好地流通和传播，满足师生的需要。

（4）校园远程教育系统设施的建设。主要是远程广播教学系统、远程电视教学系统、远程网络教学系统以及相应的设施和机房的建设，以方便学习者进行远程学习。

（5）校园管理控制系统的建设。包括相应的计算机管理系统、电子监测系统、电子测量系统、办公管理系统、信息发布系统、视频会议系统、网络安全系统等。控制系统必须能兼顾全局，包揽总体。考虑到实际情况，各学校可以根据实际条件和需要，分批分步建设，逐渐完善。

2. 信息技术是多元化课程资源开发的必备物质条件

从一定意义上来看，教育资源的开发与利用水平决定了课程教学的进程，也影响着信息技术与课程整合的实施。当前，必须加大对信息化教育资源建设投入的力度，有条件的地方还应提倡利用卫星电视、网络教育等远程资源；对于一些贫困地区，应该尽量地开发和利用观念形态的、隐性的课程资源，立足本地本校的实际，因地制宜，充分利用当地自然的、历史的、富有地方和民族特色的课程资源。当然，重视课程资源的建设，并非要所有教师都去开发新的资源，而是要求广大教学工作者适当地利用信息技术这一有力工具，广泛搜集、整理和充分利用已有资源。同时，信息技术也可以作为交流手段，促进资源建设的过程中地区间、学校间的交流和合作。

3. 信息技术是整合中必需的教学手段和学习工具

一是将信息技术作为一种工具应用于学科教学之中，是整合的表层，目的是促进教师的教和学生的学。这一层次的整合是基于将信息技术作为教学手段、作为学习工具的视角来探讨的，定位于方法论的范畴，注重研究信息技术对教学信息再现的作用，对教学质量的影响，对发展学生思维能力、分析问题和解决问题能力的促进作用。二是通过信息技术手段营造一定的学习环境，从而研究学生的个别化学习、网络学习、协作学习、讨论学习、研究性学习等内容。这一层次的整合是将信息技术融入教学过程中的教学目标、媒体信息、教学对象、学习方法、学生能力发展等要素。《基础教育课程改革纲要（试行）》指出："要大力推进信息技术在教学过程中的普遍应用，促进信息技术与学科课程的整合，逐步实现教学内容的呈现方式、学生的学习方式、教师的教学方式和师生互动方式的变革，充分发挥信息技术的优势，为学生的学习和发展提供丰富多彩的教育环境和有力的学习工具。"

要实现这一目标，必然要求教师和学生能熟悉信息技术，并能够有意识、合理地运用信息技术去解决教育教学中的相关问题。教师能够根据教学的需要，依据建构主义的有关理论，运用信息技术手段营造合适的教学环境，对学生的学习活动提供帮助。学生能够按照教师的要求，运用适当的信息技术去探索、解决问题并最终完成学业任务，发展相关技能。需要指出的是，在整合的过程中，不能为了使用技术而使用技术，要清楚地认识到信息技术只是教学的一种工具或手段，不应该去排斥以往所使用的技术和手段。

综上所述，只有以最新的思想观念为指导，以娴熟的技能、丰富的资源、良好的硬件设备为基础，信息技术与学科课程整合才会成为可能。

（二）信息技术与课程整合的相关机制

1. 课程改革的要求是整合的实现机制

新课程改革鲜明地提出三位一体的课程功能，即知识与技能、过程与方法、情感、态度与价值观，要求促进学生全面发展。这一培养目标体现了时代的要求，也从根本上改变了应试教育的影响。课程改革还强调促进每个学生身心健康发展，培养良好品德，培养终身学习的愿望和能力；改革课程结构过于强调学科独立性、门类过多和缺乏整合的现状，加强课程的综合性，选择性；加强信息技术教育等，使学生适应现代社会与科技的进步与发展。此外，课程改革提出要通过综合实践活动的信息技术教育、研究性学习、社区服务与社会实践、劳动与技术教育等，增强探究和创新意识，培养学生的科学态度和科学精神，发展综合应用知识、分析和解决问题的能力，培养学生的创新精神和实践技能。

各学科课程标准在力求加强过程性、体验性目标，以及对教材、教学、评价等方面进行指导的同时，更要引导学生主动参与、亲身实践、独立思考、合作探究，发展学生搜集和处理信息、获取新知识、分析解决问题的能力以及交流与合作的能力。信息技术在新课程改革中具有举足轻重的地位。不过不能把信息技术作为学习的对象，而应当作为学习的工具，要努力实现信息技术与课程的整合，推动教学方式、学习方式的根本变革。因此，课程改革的要求就成了信息技术与课程整合的实现机制。

2. 学习资源扩充是整合的动力机制

信息技术和课程整合要求学生自主地从丰富的信息资源中获取有效的教学信息，通过自主发现和自主探索，培养学生的创新精神和信息素养。如果没有丰富的高质量的教学资源，就谈不上学生的自主学习，也不可能让学生进行自主发现和自主探索，传统的教学结构不会产生根本性变革，21 世纪素质教育的培养目标也无法落实。

3. 教师的素质与能力是整合的实施机制

在信息技术和课程整合的过程中，教师的素质和能力也是决定整合效果的关键因素之一。教师具有良好的素质，是实施素质教育、培养 21 世纪新型人才的根本保证。信息意识、信息能力是教师信息素质的主要内涵。教师的教育观念以及信息技术能力和素养等因素都直接影响着能否将信息技术与课程进行有机整合。

第二节 信息技术与课程整合的内容

一、信息技术与课程整合的组成要素

在与课程整合相关的众多要素中，关键的应该是课程内容、资源、环境、教师和学生五个要素。课程内容即教师所要讲授的课程中包含的所有内容，资源指课程讲授过程中需要用到的、服务于教学的教学资源，尤其是信息化教学资源。环境即信息化教学环境，如多媒体课室，AR，VR 等辅助教学的设备。教师和学

生在此不赘述。

在教学过程中，课程内容是核心，资源和环境是条件，教师和学生是关键，学生是主题，这五个要素的整合过程可以分为三个层面，或者称为三个子过程。一是必须根据课程的内容及其目标，整理有用素材及做好素材的集成和整合；二是资源与信息技术环境的整合；三是在教学过程中课程内容、资源环境、教师、学生要素的整合，即教育学过程的整合。

（一）教师的整合意识

教育思想、教育观念的转变要放在首要地位，这是“整合”的先导条件。具体来说，要做到三个改变：

一是必须改变旧的学科观念。要在学科知识中有效地融入信息技术，更好地提高教学效率，让学生具备不断更新知识、创造新知识的能力。

二是必须改变旧有的教材观。要根据当前信息技术的发展和信息技术课程的目标以及学生的特点，结合学科知识，设置相关的课题内容，并且按照课题的难易程度来安排学习顺序和课时。

三是必须改变旧有的教学观。相对于传统的教学模式，无论是教师的教还是学生的学都发生了很大的改变，教师成为学生学习的指导者、促进者。

（二）教师的信息素养

教师是实现信息技术与课程整合的关键因素。在实际教学中，教师设计、控制课程教学流程，是整个教学的主导力量。信息技术与各学科的有机融合要求教师具备应有的信息素养，信息素养可以解读为：有能力通过多种途径获取各种不同的信息，对信息进行评估、筛选、整理，并能将有用信息适时、适度地运用于课堂教学，还能根据各种反馈信息评价教学效果。具体可细分为以下七种能力：（1）能结合教学目的，辨识自己的信息需求；（2）具备高效获取信息的能力；（3）熟练且能批判性地评价信息的能力；（4）对有用信息吸收、存储、快速提取的能力；（5）对信息进行再加工，运用多媒体形式表达信息、创造性使用信息的能力；（6）组合新信息成为自己原有知识的一部分；（7）将各种反馈信息应用于批判性思考及解决问题。

教师驾驭信息能力的高低很大程度上取决于其掌握的信息技能。没有娴熟运用现代教育技术的技能，“整合”只是“凑合”。要推广并应用现代教育技术，提高现代教育技术运用水平，教师的培训是关键——既要重视对教师进行现代教育技术的培训，又要注重其对新的教育思想、教育观念和教育方法的学习和掌握；既要有全新的教育观，又应有一定的现代教育技术做支撑。

（三）信息技术基础设施

信息技术与课程整合的基础性要素就是信息基础设施。没有信息技术基础设施的支持，就不可能有信息技术与整合的实施。因此，学校和教育机构应加大对信息技术基础设施的投入，使其能切实辅助教学，提高教学效率。

（四）丰富的教育信息资源

建设信息技术基础设施的同时，也要保证基于基础设施的资源建设。没有资源，就不可能实现信息技术与课程整合。为解决好整合中的资源问题，要充分搜集、整理和利用网络上已有的资源。

学生是信息技术与课程整合的重要因素，不仅教师要用信息技术来教学，学生也应学会利用信息技术来学习，学生要掌握基本的信息技术技能，并且具备使用信息技术进行学习的意识与技能。

教材的组织和编写必须符合素质教育和创新教育的结构和特性，同时应该体现信息化水平。教材要贯彻“以学生为主体，以教师为主导”的方针，不仅应适合教师的教，也适合学生的自学和实践，有利于培养学生运用信息化手段解决问题的能力。教材根据科学性、先进性和可操作性原则来编写。

（五）先进的学习理论

如果把信息技术与课程整合比作是一个化合过程的话，那么这个化合反应的结果一定会受到另一个重要因素的影响，那就是学习理论的指导。具体而言，在规划一门学科与信息技术的整合时，需要注意三个条件：①师生（有时还会涉及教育管理者）要达到的信息技术标准，②课程要达到的课程标准，③有相关的学习理论的指导。其中学习理论的作用是不可低估的。

二、信息技术与课程整合的具体模式

教学模式是教学结构的稳定形式，它反映了教学理论和实践发展中逐步形成的、组织和实施具体教学过程的途径和方法，而信息技术与原有的教学结构要素融合并生成新结构后，必然导致新教学模式的出现。由于信息技术以不同的形式与学科教学发生联系，有时是“条件”，有时是“手段”，有时是“资源”，有时是“情景”，具体的整合模式要看信息技术以什么样的要素形式与原有学科的结构发生整合，目前主要采取的整合模式有：

（一）基于课堂讲授的“情景探究”模式

“情景探究”模式，就是教师根据教学目标和教学内容，创设特定的教学情景，引导学生自主探究。具体是指教师以现有教材为基本内容，以学生的实际生活为参考对象，选择综合且典型的教材内容，创设特定的语言、问题等情境，真实、全面地反映或模拟现实，引导学生应用所学知识，自主探究事物的整体结构、功能、作用，分析事物的变化发展过程，从而形成新知识、新观点，进而找到解决问题的新方法、新手段。

（二）基于网络环境的研究性学习模式

基于网络环境的研究性学习模式，能使学生的学习主体性和创新性在网络环境中得以实现。其教学流程如下：

1. 信息的收集和处理

在教师的指导下，师生共同从学生关心的问题（可以是社会问题、生活问题、学科内的问题）出发，通过互联网查询、收集、筛选与问题相关的信息，并存储到网络空间，实现信息的共享，为确定研究主题做准备。

2. 确定研究主题，分析研究任务

师生共享网上信息，展开网上交流。学生在教师的指导下，确定研究主题，并分析个人或小组的研究任务。

3. 网上自主探究与协作，解决问题

学生依据所确定的研究主题和具体研究任务，进行自主探究，将直接体验和对网上相关信息的研究结果存储到计算机网络中的共享空间，利用共享或交流平台开展协作，寻求解决问题的途径。

4. 研究成果的网上发布与交流，评价

在教师的组织下，学生将阶段性研究成果在网上发布，并进行研究结果的互评。同时，学生从网上获得评价信息和他人的研究成果，促进研究活动的改进，实现对研究主体的意义建构，再将最终研究成果在网上发布。

（三）基于建构主义的自主学习模式

自主学习模式以建构主义学习理论为指导，注重遵循学科的特点和学生的认知规律。其教育目标是使学生掌握学科基础知识和基本技能的同时，培养学生的主体意识、探索精神和自主学习习惯。其基本程序为：教师创设自主学习情境→学生进入情境进行意义建构→学生走出情境并实现知识迁移运用→自我评价与反馈。

（四）基于互联网的校际远程协作学习模式

校际远程协作学习模式是指校际围绕相同的主题，分别以网页等方式，展示学习内容、学习过程、学习成果、学习体会，并共同总结学习收获的一种协作学习方式。其特点为：①不同学校的学生通过因特网，在教师的指导下，在一定的周期里共同完成一个研究项目；②研究项目是与学科相关的知识；③以某一学科知识为主题，且这个主题能牵动其他学科的知识；④不追求严谨、重大的研究成果，注重的是研究过程以及远程协作交流的体验。

三、信息技术与课程整合的具体方式

开展信息技术与学科教学的整合是我国面向 21 世纪基础教育教学改革的新视点，它的研究与实践改革了传统的教学观念，为学生主体性、创造性的发挥创设了良好的基础，使学校教育朝着自主的、有特色的课程教学方向发展。

在信息技术与课程整合的实践中主要采用以下四种具体的整合方式。

（一）利用计算机的工具软件进行整合教学

常规的计算机辅助教学往往要为一节课制作一份课件，课件使用的灵活性不高，而且在实施教学前要做大量的准备工作。其实计算机本身就具有强大的教学功能。例如，低年级利用智能输入法打字，中年级利用 Excel 来进行数学数据分析，利用图表工具学习制作统计图表，高年级利用计算机进行数学验算，利用画图工具来增强对几何图形的认识等，均是充分利用计算机中现有的工具进行学科教学。这样既达到了学习、应用技术的目的，又较好地促进了学科知识的学习，同时还有效地激发了学生的学习兴趣。《环保中的数学问题》的教学就是一个典型案例。以往教学这部分内容往往把重点放在统计图表的认识和绘制上，结果教师教得很辛苦，学生花了很多时间去画图制表，却对统计图表的意义和如何利用这些图表获得有效信息研究得很少。而后者恰是统计教学的主要目标。利用计算机中的图表工具，只要输入相应的数据，计算机在几秒钟内便自动生成统计图，而且可以根据需要生成不同形式的统计图表。师生能将更多的时间放在对数据变化趋势的分析推断上，从而有利于培养学生的分析应用能力。实践表明，学生通过整合教学，既达到了学会看统计图，能根据数据的变化做出适当的分析与推测，又达到了学会用图表工具制作统计图的信息技术教学目标；还培养了良好的环保意识，激发了使用计算机的兴趣。短短的 40 分钟，完成了原来至少要 2 节课完成的学习任务，极大地提高了教学效率。

（二）利用计算机的信息加工功能进行整合教学

计算机具有较强的信息加工功能，利用这一功能可以让学生快速提取有用信息，并能对信息进行重整、加工和再应用，从而培养信息加工能力和流畅的表达能力，达到对知识的内化。例如，低年级可利用计算机画图配字表达自己的想法；中年级通过上网查找、下载资料，利用 Word 制作学习汇报材料；高年级可通过多种形式收集资料，处理信息，制作网站。以人教版高中地理课《山地的形成》为例，江苏省某中学教师沈欣荣就利用“可视化教学资源”，如实物、模型、图像、视频、软件等资源开展教学活动，这一课的教学充分利用了计算机信息加工这一功能，化抽象为具体、化静态为动态，有利于增强地理事物的直观效果，调动学生的形象思维能力，加深其对抽象知识的理解和记忆。他采用了 Google Earth 这款数字地球软件，以三维地球的形式整合了卫星照片、航空照相等多种资料，可以便捷地实现卫星图像、地形、3D 建筑、街景视图、城市夜景、地外天体等丰富内容的查看与探索。相较传统的教师讲授法，通过 Google Earth 软件提前做好的“川东平行岭谷”地区的实景图、“巫峡—巫峡村”“北京门头沟—黄草梁风景区”等地标文件，更能吸引学生的注意力，不仅提高了学习兴趣和积极性，而且使抽象的地理概念变得直观、明了，便于学生学习、分析和归纳，有效地增强了课堂教学的科学性、综合性与实效性。

（三）利用计算机进行模拟实验的整合教学

随着信息技术的飞速发展，新技术在教学中的应用为学生的探索和学习知识提供了强有力的支持。许多在现实中很难做到的实验，可以通过计算机来模拟，从而给学生以真切感，促进学生掌握知识，发展能力。例如，人教版三年级上册《可能性的大小》一课，该课所涉及的数学知识——概率是极为抽象的内容，为了让学生能更好地理解这一知识，并真正提高应用能力，教师在教学中采用了两项策略：一是创设具体情境，让学生改变角色，以商场“老总”的身份来选择促销方案；二是利用计算机来进行大量重复的模拟实验，体验“概率”的含义，帮助做出正确的决策。由于计算机可以快速得出模拟结果，也可以准确地对数据进行分析、统计，因此将计算机整合到“概率的认识”教学中后，不仅减少了大量的重复实验和烦琐的计算，提高了学生的学习效率，而且更容易掌握概率的意义，有助于做出合理的决策。更重要的是，通过整合，学生真切地认识到信息技术应用的重要性和学习方式革命的紧迫性。

（四）利用网站进行研究性学习和协作学习

研究性学习是指学生在教师指导下，从自身生活和社会生活中选择和确定研究专题，以类似科学研究的方式主动地获取知识、应用知识、解决问题。研究性学习的过程正是一个人际沟通与合作的过程。其目的是为了更好地培养学生的信息收集和处理能力，发展创新精神，获得亲自参与探究的积极体验，提高沟通与合作能力。计算机网络技术为更好地开展研究性学习和实现协作式学习提供了良好的技术基础和支持环境，如提供丰富的研究资源，创设生动的研究情境，极大地扩充协作范围，提高协作的效率，改革学习的方式。例如，教授英语阅读课 *Love and Marriage* 时，教师利用网络开展研究性学习，基于网络的英语阅读课采取研究性学习方式，围绕课文内容并利用 Web 浏览、在线虚拟图书馆、校园平台资源库等查找资料，不仅便于学生掌握信息、控制信息，而且有助于学生调动、激活信息，在提高英语阅读能力的同时培养信息素养，增强自主学习的本领。该课以学生为主体，以小组活动为主导进行。学生先通过网上浏览、图书查阅、调查访问等多种形式收集有关世界各地的“爱情和婚姻”的资料，教师指导他们在网络和生活中查找资料，进行广泛的阅读，启发他们从不同的方向来确定自己要探讨的主题、进行立题研究。在此基础上通过小组讨论确定本小组的共同研究主题，然后小组成员根据主题进一步多渠道收集、分析、整理有关信息，提出设想和建设，再利用信息技术将上述内容整理出来，最后全班各小组展示成果，汇报收获，交流心得。在整个活动过程中，学生表现出极大的研究热情，克服了无数困难，各小组均形成了比较成熟的认识，并形成了综合性总结。本次活动圆满完成预定任务，对学生的发展产生了良好影响：①在认知领域中，拓宽了知识面，提高了综合运用知识解决实际问题的能力；②在人际交往领域中，学会了尊重、倾听、说服、交流和沟通；③在情感态度领域中，增加了相互间的友谊，锻炼了克服困难的毅力，提高了学习自信心。可以说，这是对学生已有知识、能力的一次大检阅。

在以上这些典型的课例中，信息技术都以工具的形式与整个教学过程有机地融合在一起，很难把它从教学过程中分离出来，因为它是直接为教学目标服务的。而且在整个教学过程中，学生的主体性和个性得到了较大的体现，这样的教学氛围有利于学生创新精神和解决问题能力的培养。同样，教师通过整合任务，发挥了自己的主导作用，以各种形式、手段协助学生学习，进一步调动了学生的学习积极性。

四、信息技术在课程整合中的应用

（一）信息技术的应用

信息技术与课程整合的关键是有效地应用信息技术来更好地优化课堂，培养学生的信息素养。信息技术在课程整合中的应用可分为如下几个方面：

1. 作为学习对象

信息技术本身就是一门课程，它包含基本的计算机基础原理以及操作系统、应用软件的使用等知识。除此之外，学生也应当了解信息技术给社会各个领域带来的变化和可能会出现的问题。

2. 作为演示工具

这是信息技术应用于各个学科最初的表现形式，也是目前大部分教师采用的形式，如使用 PPT 等教学软件，使用多媒体电脑、投影仪代替黑板等传统媒体。

3. 作为辅助工具

目前，微课、慕课、翻转课堂以及远程课堂的兴起，打破了课堂的时间和空间限制，也突破了传统课堂的教学模式，提高了学生的学习兴趣，提升了课堂效率。同时，有效使用信息技术也可以代替教师的部分工作，如练习、出题、评定、网上阅卷等，可辅助课堂教学。

4. 信息技术提供资源与环境

一是利用网络资源对部分课程内容进行直观的展示和描述，二是从网络也可找到大量的专业学习资源。

5. 作为研发工具

在传统教学中，学生只是倾听者，而现在更重视学生的创新精神、探索能力和动手能力的培养，提倡让学生自己发现问题、构建问题和提出解决方案。信息技术在其中扮演了研发工具的角色。

6. 作为远程交流工具

信息技术让传统课堂变成无时间和空间限制的新型课堂。师生、生生可以在任何时候进行交流和沟通，既可以群体讨论，也可以单独讨论，任何人都可以畅所欲言发表自己对问题的见解和看法，打破了传统教学中学生作为倾听者的状态。

7. 作为教学管理工具

使用信息技术可以帮助教师进行教学管理，如自动追踪学生的学习情况和成长情况，根据学生的成绩或者作业等情况来总结其表现等。

总之，在信息技术与课程整合的过程中，信息技术不只是辅助工具，重要的是能构建一种理想学习环境，形成一种全新的学习方式，让学生实现自主探索、多重交互、情境创设、合作学习、资源共享等。

综合来看，信息技术的应用包括：①利用信息化学习环境和资源，培养学生的自主发现和探索学习能力；②借助人机交互技术和参数处理技术，营造虚拟学习环境，培养学生积极参与、不断探索的精神和科学的研究的方法；③创造机会让学生运用语言、文字表述观点思想，形成个性化的知识结构；④借助信息工具或平台，尝试创造性实践，培养学生的信息加工处理能力和表达交流能力；⑤提供学习者自我评价反馈的机会，通过形成性练习、作品评价等方式获得学习反馈，调整学习的方法和途径。

（二）信息技术与课程整合的注意事项

要创造在实际生活、学习中使用信息技术解决问题的环境，使学生将信息的获取、分析、加工、利用等能力内化为自身的思维习惯和行为方式，从而形成影响人的一生的品质。根据“课程整合”的理念，应倡导和探索信息技术和课程整合的教学，将信息技术与其他学科，或者与实际的社会生活问题进行整合，拓宽学生解决问题的思路，培养学生使用信息技术的意识和兴趣，培养学生的创造精神和实践能力，真正发挥信息技术对教育的变革性推动作用。

在整合的时候，要注意以下几点：

1. 要运用先进的教育理论（特别是建构主义理论）来指导整合

考虑到中国的国情，应该特别重视建构主义理论，之所以这样做，并非因为建构主义理论十全十美，而是因为它对于我国教育界的现状特别有针对性——它所强调的“以学生为主”、学生主要通过自主建构获取知识的教育思想和教学观念，对于多年来统治我国各级各类学校的、以教师为中心的传统教学结构形成极大的冲击；除此之外，建构主义的学习理论与教学理论以及建构主义学习环境下的教学设计方法可以为信息技术环境下的教学，也就是信息技术与各学科教学的整合，提供最强有力的理论支持。

2. 要紧紧围绕”主导—主体型”教学结构来进行整合

整合的实质与落脚点是变革传统的教学结构——改变以教师为中心的教学结构，创建新型的、既能发挥教师主导作用，又能充分体现学生主体地位的“主导—主体相结合”教学结构（也称“主导—主体型”教学结构）。既然如此，信息技术与课程整合当然应该紧紧围绕新型教学结构的创建来进行，才有可能达到有效培养创新人才的目标，取得整合的实质性成效；否则，将会迷失方向，把一场深刻、复杂的教育革命变成简单、机械的技术手段运用与操作。

由于教学结构是教学系统中四个要素（教师、学生、教学媒体、教学内容）相互联系、相互作用的具体体现，这就要求教师在进行信息技术与课程整合的过程中，密切关注教学系统中四个要素的地位与作用——能否使这四个要素的地位、作用相较传统教学结构发生某种改变，即围绕这四个要素认真分析，采取相应措施来实现有效的、深层次的整合。

3. 要运用“学教并重”教学设计理论进行教学设计

采用什么样的教学模式来实现新型教学结构（“主导—主体型”教学结构），绝不是一个简单的问题，关键在于教学设计，而且是信息化环境下的教学设计，即涉及信息技术与课程整合的教学设计。

目前流行的教学设计理论主要有“以教为主”的教学设计和“以学为主”的教学设计（也称作建构主义学习环境下的教学设计）两大类。这两种教学设计理论均有各自的优势与不足，所以最好是将两者结合起来，取长补短，形成优势互补的“学教并重”的教学设计。这种教学设计理论正好能支持既要发挥教师主导作用，又要充分体现学生主体地位的新型教学结构。在运用这种理论进行教学设计时，对于计算机为核心的信息技术（不管是多媒体还是网络），在整合过程中不能把它们仅仅看作是辅助教师“教”的形象化教学工具，而应当同时强调，甚至更加强调要把它们作为促进学生自主学习与探究的认知工具和协作交流工具。

4. 要努力建设信息化教学资源

信息化教学资源通常有以下四种类型：多媒体素材类、多媒体课件类、网络课程类和信息化学习工具类。一般来说，前三种类型的信息化教学资源只要通过网上搜集、下载、整理即可获得；最后一种类型的信息化学习工具类的研发比较困难。我们一直提倡重视信息化教学资源的建设，并非要求教师自己去开发课件或者开发软件，而是要求广大教师去努力搜集、整理和充分利用网络资源去满足的课堂教学需求。

5. 要结合不同学科特点创建能支持新型教学结构的教学模式

教学模式的类型是多种多样的、分层次的。"信息技术与课程整合"也就是"信息技术与学科整合"，而学科教学过程涉及三个阶段：课堂教学环节直接相关的"课内阶段""课前阶段"与"课后阶段"（"课前"与"课后"这两个阶段也可合称为一个"课外阶段"），因此，基于信息技术与课程整合的教学模式可以说只有两种——"课内整合模式"与"课外整合模式"两种。

至于"课内整合教学模式"，由于课堂教学设计受不同学科、不同教学策略和不同的技术支撑环境等多种因素的影响，所以实现课内整合的教学模式要复杂一些。如果按照学科划分，有数学、物理、化学、语文、历史、地理等不同学科的课内整合教学模式；如果按照教学策略划分，有自主探究、协作学习、演示、讲授、辩论、讨论、角色扮演等不同策略的课内整合模式；如果按照技术支撑环境划分，有基于网络、基于多媒体、基于软件工具、基于仿真实验等不同技术支撑环境的课内整合教学模式。

第三节　信息技术与课程整合的思路

一、信息技术与课程整合的阶段

从国际范围来看，以计算机为核心的信息技术教育大体经历了三个阶段。

第一阶段：CAI（计算机辅助教学）阶段：大约是从 20 世纪 50 年代至 80 年代中后期。此阶段主要是利用计算机的快速运算、图形动画和仿真等功能，辅助教师解决教学中的某些重点、难点；课件大多以演示为主。

第二阶段：CAL（计算机辅助学习）阶段：大约是从 20 世纪 80 年代中后期至 90 年代中后期。此阶段逐步从以教为主转向以学为主，强调如何利用计算机作为辅助学生学习的工具，如利用计算机帮助搜集资料、辅导自学、讨论答疑，安排学习计划等，即不仅用计算机辅助教师的教，更强调用计算机辅助学生的学。

第三阶段：IITC（信息技术与课程整合）阶段：大约从20世纪90年代中后期开始。此阶段不仅将以计算机为核心的信息技术用于辅助教或辅助学，而且更强调要利用信息技术创建理想的学习环境与全新的学习方式、教学方式，从而彻底改变传统的教学结构与教育本质。

从国际潮流来看，当前的信息技术教育正处于第三个阶段。信息技术不仅仅是辅助教和学的工具，而且要从根本上改变传统的教学结构和教学模式，达到培养创新精神、实践能力的要求，即与素质教育的目标结合在一起。

近几年来随着信息技术的飞速发展，全国上下对教育从目的、内容、形式、方法到组织进行了全面变革。但是这种变革绝不可能在朝夕之间一蹴而就，而是要有阶段有层次地进行。根据信息技术与课程整合的不同程度，可以将整合的进程大略分为三个阶段：①封闭式的、以知识为中心的课程整合阶段；②开放式的、以资源为中心的课程整合阶段；③全方位的课程整合阶段，在不同的阶段，技术投入与学生的学习投入是不同的。

（一）阶段一：封闭式的、以知识为中心的课程整合

传统教学和目前大多数教学都属于此阶段。所有的教学都严格按照教学大纲，把学生封闭在教材或简单的课件内，和丰富的资源、现实完全隔离。按照教学对技术的依赖程度和学生的投入程度，此阶段可细化为以下个三层次。

1. 信息技术作为演示工具

教师可以使用现成的计算机辅助教学软件或多媒体素材库，选择其中合适的内容用在自己的讲解中；也可以利用 Powerpoint 、Authorware 或者一些多媒体制作工具，结合各种教学素材，编写演示文稿或多媒体课件，清楚地讲解知识，形象地演示其中某些难以理解的内容，或用图表、动画等展示动态的变化过程和理论模型等。另外，教师也可以利用模拟软件或者计算机外接传感器来演示某些实验现象，帮助学生理解所学的知识。通过合理的设计与选择，计算机代替了幻灯片、投影、粉笔、黑板等传统媒体，实现了它们无法实现的教育

功能。

2. 信息技术作为交流工具

“信息技术作为交流工具”是指将信息技术以辅助教学的工具引入教学过程，主要用于师生之间沟通交流。要实现此功能，并不需要复杂的信息技术，只需在有互联网或局域网的硬件环境下，采用简单的BBS、聊天室等工具即可。教师可根据教学需要或学生的兴趣开设一些专题网页或聊天室，如“我需要帮助”“老师优劣之我见”等，并赋予学生自由开辟专题和聊天室的权利，使他们在课后有机会对课程的形式、教师的优缺点、无法解决的问题等方面进行充分的交流。

3. 信息技术作为个别辅导工具

随着计算机软件技术的飞速发展，出现了大量的操练练习型软件和计算机辅助测验软件。根据不同的学习内容和学习目标，个别辅助软件提供的交互方式也有所不同，体现了不同的教学方法，从而形成了不同子模式，包括操练和练习、对话、游戏、模拟、测试、问题解答等。

（二）阶段二：开放式的、以资源为中心的课程整合

信息技术与课程整合的第一阶段基本上都是封闭的、以个别化学习和讲授为主。在第二阶段，教学观念、教学设计的指导思想、教师的角色和学生的角色等都会发生较大的变化，按照对学生能力由低到高的培养顺序，可以将此阶段细化为四个层次，每层次着重培养的学生的能力也不相同，分别是：信息获取和分析能力—信息分析和加工能力—协作能力—探索和创新能力。

1. 信息技术提供资源环境

信息社会需要具有信息能力的新型人才，而信息能力就是指获取、分析和加工信息的能力。随着网络技术的飞速发展，网络资源可以说是浩如烟海，如何在广袤的信息海洋中快速、准确地找到自己所需的资源，如何迅速判断资源的价值并对其进行取舍，如何合理地将资源重新组合为己所用……这些都关系到个人和团队的成败。此层次主要培养学生的信息能力，让学生在对大量信息进行筛选的过程中，实现对事物的多层面了解。该层次是所有后续层次的基础。

2. 信息技术作为信息加工工具

上一层次主要培养学生获取信息和分析信息的能力，强调学生在对大量信息

进行筛选和快速提取的过程中，对信息进行重整、加工和再应用。在该层次的教学中，应重点培养学生的信息加工能力和思维的流畅表达能力，达到对大量知识的内化。

3. 信息技术作为协作工具

和个别化学习相比，协作学习有利于促进学生的高级认知能力的发展，以及培养协作意识、技巧、能力、责任心等方面的素质，因而受到广大教育工作者的普遍关注。但是，在传统课堂教学中，由于人数、教学内容等种种因素的限制，常常使得教师对此有心无力。在基于网络的协作学习过程中，基本的协作模式有四种：竞争、协同、伙伴和角色扮演。竞争是指两个或多个学习者针对同一学习内容或学习情景，通过 Internet 进行竞争性学习，看谁能够先达到教学目标的要求，在培养学生的技巧和能力的同时，培养学生的竞争意识和能力。协同是指多个学习者共同完成某个学习任务，在此过程中，学习者发挥各自的认知特点，相互争论、相互帮助、相互提示或进行分工合作。伙伴就是在网络环境下找到与现实环境中的伙伴相类似的学生，然后共同协作、共同进步。角色扮演指在用网络技术创设的与现实或历史相类似的情境中，学生扮演其中的某一角色，基于各自的角色来互相学习。要实现角色扮演一般会使用实时交互的网络工具，如视频会议、多功能聊天室等。

4. 信息技术作为研发工具

培养学生的探索能力、自己发现问题和解决问题的能力以及创造性思维能力，是教育的最终目标。在实现目标的教学中，信息技术扮演着“研发工具”的角色。例如，学校的一些课程可直接放在网上，供学生自主学习、提问以及讨论，效果很好。

（三）阶段三：全方位的课程整合

前两个阶段的七个层次虽然彼此之间有很大的差异，但都没有使教学内容、教学目标以及教学组织架构进行全面的改革和信息化。为了使信息技术和课程改革达成更高的目标，还要对以下方面进行改革。

1. 教育内容改革

目前教育内容的发展趋势如下：一是教材的难度增加，重视基本理论，强调知识内在的联系。基于信息技术在教学中的应用，要依据高难度、高速度和理论化原则重新编写教材，在课程设计上重在学科结构合理，教学内容少而精，着重使学生掌握一般的基本原理以发展学生的认识能力。二是制定教学大纲要着眼于能力，特别是思维能力、创造力的培养，而不是现成知识的传授和一般技术的培训，基础要宽。三是教育内容还要与生产实践相结合，着力培养学生解决真实性问题的能力。可利用多媒体，尤其是超媒体技术，构建教学内容的结构化、动态化、形象化表示。

2. 教学目标改革

教育内容的一系列改革会对现有的以知识为中心的教学目标产生强烈冲击，以能力为核心的教学目标将成为主体。而这些能力包括：①信息处理的技能，②问题解决能力，③批判性思维能力，④学习能力，⑤与他人合作和协作的能力。随着信息技术和课程改革的不断深入，必将产生新的、强调帮助学生参与真实任务和产生真实项目的教学目标。

3. 教学组织架构改革

教育内容和教学目标的改革，必然会使教学组织架构和形式发生相应的变革。教学目标强调以真实性问题为学习的核心，以项目和问题为单位，对学习的时间和空间进行重新设计和规划。在教学的组织形式上，活动安排的分组上，也要打破传统的按能力同质分组的方式，实行异质分组，让学生在真实性问题情境中，以协作的方式，愉快地完成作业。虽然我国很多基础教育院校正在轰轰烈烈地进行课程整合。但是，信息技术与课程整合是一个漫长的、历尽艰辛的过程，需要所有教育工作人员的共同努力和不懈追求。

美国对信息技术与课程整合途径与方法的研究大致分为三个阶段：

第一阶段：基于网络的探究阶段（WebQuest）。这一阶段主要是把信息技术应用于课前和课后，教师在课前公布讲授内容、相关资料、重点难点及预习要求，学生在课前利用互联网获取信息并进行学习，课上反馈预习情况和存在问题。WebQuest 还经常表现为呈现给学生一个特定的情景或任务，并为学生提供一些网上的信息资源，要求学生通过对信息的分析与综合来形成创造性地解决问题的方案。

第二阶段：运用技术加强理科学习（TELS）阶段。这一阶段主要是希望通过在理科课程设计、教师专业培训、评估和信息技术支持四个环节的研究与实践，促进信息技术与理科教学的有效整合，达到运用技术加强学习的目的。可以看到，这一阶段的关注点为课程设计和信息技术支持。之前的 WebQuest 不是不可取，而是需要在课上和课外同时运用，WebQuest 基于实际项目/问题的学习确实能够激发学生的创造力，但当实际项目优势过于综合和复杂时，直接应用于课堂可能缺乏效率和针对性，所以可以把课程分解成若干与实际相联系的主题，营造信息化的学习环境（工具、资源），在信息化环境中针对主题进行学习。

第三阶段：整合技术的学科教学知识（TPACK）。所谓整合技术的学科教学知识就是学科内容、教学法和技术三种知识要素的复杂互动，如图 4-1 所示。

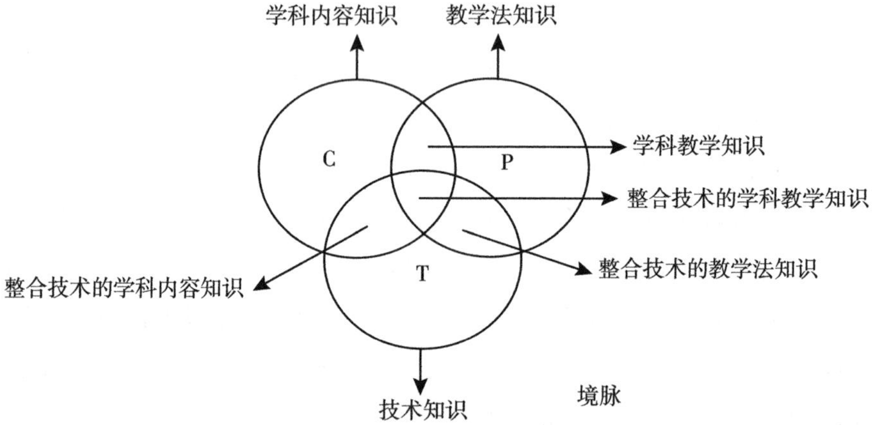

图 4-1 TPACK 框架及知识要素

前两个阶段的关注点是学生对技术的自主应用，以学生为中心，对应的教学模式是自主探究合作。而第三个阶段的关注点是教师所需的知识以及教师如何将信息技术整合在教学过程中，强调教师应当在教学过程中发挥引导和监控作用，这一思想是建构主义与客观主义的融合互补，对应的教学模式是有意义传递主导下自主探究相结合。

值得强调的还有 TPACK 框架中“境脉”（Contexts）的概念。“境脉”是指由课堂物理环境、学生家庭背景、认知特点、心理素质、班级精神面貌等诸多因素结合在一起所产生的协同作用。境脉的复杂性对信息技术整合于教学过程既存在潜在的障碍（如学生认知能力差异），又提供了潜在的机会和支持（如差异化教学）。

二、信息技术与课程整合的策略

（一）信息技术与课程整合的策略

策略是指为了达到特定目的，在一定理论指导下，根据具体情境而研制的行动方针和措施以及相应的活动手段、方式和方法。它分为两个层次：一个是定位于大范围行动的一般性的宏观策略，另一个是定位于具体活动进程的特殊性的微观策略。信息技术与课程整合的基本策略，宏观上是指为了满足教育信息化和课程改革的需要，按照系统论基本原理提出的加强和促进信息技术与课程整合的行动方向；微观上是指应用一定的信息技术理论以及课程理论的具体措施。教学中四个最重要的要素分别是教师、学生、教学内容和教学媒体，在信息技术与课程整合策略的制定过程中，要充分考虑这 4 个要素之间的有机联系和相互作用的方式。

1. 利用信息技术创设情境，激发学生学习兴趣

常言说，兴趣是最好的老师。学生有良好的兴趣就会有良好的动机，因此，在教学中将知识放在生动、活泼、有趣的情境中让学生去学习，便能很容易地激发学生的学习兴趣。多媒体信息技术具有图、文、声、像并茂的特点，易于创设各种教学情境。

2. 创设的问题情境富有趣味性

以小学教学为例，小学生大多活泼、好动，有意注意时间比较短，喜欢多变、轻松的教学环境。黑板、课本及教师的讲述则不能满足学生的心理需求，在安静的教室里，他们往往找不到自己的位置，认为教师是演员，自己是观众，感觉无趣，思想容易开小差，直接影响教学效果。而信息技术通过图、声、像、动画等形式，吸引学生的注意力，为学生创设符合儿童心理特点的教学情境，不断地给学生新的刺激，使学生始终保持兴奋状态，激发了学生的学习欲望，提高了学生的学习兴趣。

3. 设置的问题情境更有启发性

学生一旦对学科产生兴趣，将会乐此不疲，废寝忘食，但是教学仅仅有趣味是不够的，还要具有启发性，要能够引发学生积极地思考，让学生在快乐中学习。例如，在教学“圆的认识”时，教师是这样创设情境的：六只小动物在游乐园举行骑车比赛，小猴的车轮子是长方形的、小鸡的是正方形的、小鸭的是三角形的、小兔的是椭圆形的、小熊的是圆形的、小猪的是不规则形状的。发令枪一响，屏幕上出现各种车开动的动画，很多车子上下颠簸，车上的小动物苦不堪言，只有坐在圆轮车上的小兔子美滋滋的、舒服极了。这时画面戛然而止，教师问：“同学们，你们认为谁能夺得第一名呢？”学生在欢乐的情境中思考着这样一个问题：为什么圆轮的车子跑得既快又平稳，而其他的车子不能呢？这样就揭开了问题探究的序幕。只有创设适宜学生的问题情境，学生才会对所学的内容有兴趣，才能以最佳的精神状态投入学习活动中。

4. 利用信息技术展示知识形成的过程，便于学生理解

从教育学的观点来说，联系教育对象和教育者的桥梁是教育媒体，而教材是教育的主要媒体。现在使用的教材在教学内容呈现上有图有文、生动有趣，但这些信息资源只能以静态的画面呈现，特别是对于有些学习内容，学生通过观察静态画面，弄清楚知识的产生、形成过程比较困难。而信息技术则可以化静为动，将书本上静态的画面制作成动画，不仅能让学生在观看的过程中了解知识发生发展过程，感悟知识的来龙去脉，还能提高学生的学习兴趣。

5. 利用信息技术突破难点，协助训练

教学的重点、难点是否能巧妙地突破，是一堂课成功的关键。在教学中，有一些知识比较抽象，学生学起来有困难，若用常规的教学手段，学生不易理解。而恰当运用信息技术进行教学，可解决难点内容，它无疑是教师在教学过程中突破教学难点的有效手段。

一堂课的教学效果怎么样，关键看学生的能力素质是否得到发展，对教材内容是否理解掌握。因此，能力训练也是教学中非常重要的一环。利用信息技术可以增加教学容量，提高课堂教学效率。

总之，信息技术与学科课程的整合，改变了传统的教育思想与教学模式，将复杂抽象的概念变得形象生动，提高了学生学习的兴趣，对于发展学生的信息素养，培养学生的创新精神和实践能力，有着十分重要的现实意义。

（二）需要注意的问题

在制定信息技术与课程整合的策略时，需要注意以下几个问题。

1. 按照学习者的需求进行整合

在信息技术与课程整合的过程中，应该从学生需求出发，充分尊重学生的主体地位，建立民主型的师生关系。教师可组织学生参与信息技术与课程整合的设计、实施和评价的全过程，并通过各种自学软件开展学习活动，这样既能有计划地、系统地安排学习过程，又能利用多媒体技术有效地突破重点与难点，从而为学生的自主学习起到导航、导法、导疑、导思的作用。

2. 创设信息化教学情境

可以借助数字化学习资源能为学生提供丰富多彩的学习内容，发展学生的观察和思维能力，培养学生的探究能力。

（1）直观情境的创设。有效地应用教学的直观性原则，利用多媒体的特点，把教学内容简洁而丰富地展现在学生面前，让学生迅速感知学习内容，充分调动学生的多种感官，感知事物、领悟概念、掌握原理，使学生由被动学习变为主动学习，提高学习效率。

（2）虚拟情境的创设。利用信息技术可以构建虚拟环境，提供虚拟现实的活动空间，更好地为教学服务。虚拟不仅是一种技术，更体现为一种思想，能在很大程度上启迪学生的思维，拓宽学习思路。

（3）思维情境的创设。多媒体技术的超文本特性是按照人脑的联想思维方式，用网状结构非线性地组织和管理信息的一种先进技术。与传统线性、顺序结构组织和管理信息的方法相比较，它更符合人类的思维特点和阅读习惯，更有利于对知识结构的理解和识记。利用多媒体网络的超文本特性可实现对教学信息最有效的组织与管理，激发学生思考的热情，加强对思维品质的训练，有助于发挥思维的创造性。

（4）问题情境的创设。传统课堂提问一般只能照顾到个别学生，不利于全体学生的主动参与。在信息技术环境下，可以为学生创设个别化的学习情境，使学生可以按照自己的知识水平、学习兴趣来选择所要学习的内容并参与相应的问题讨论、问题探索和问题解决活动。

（5）合作情境的创设。利用网络交流工具创设合作性学习情境，对于学生高级认知能力的发展、合作精神的培养以及良好人际关系的形成，都有明显的促进作用。

（6）创作情境的创设。利用多媒体或网络创作工具、平台，可以为学生创设充分发挥自己的想象、创作自己的作品或亲自动手模拟实验操作的情境，构建以实践为基础的新型学习方式，激发学生的创新能力与协作精神。

3. 开发信息化课程资源

信息化课程资源是新型的教材体系观念。开发信息化课程资源是信息技术与课程整合的重要策略之一。

（三）课程材料观念的孕育和发展

以往的教学过程大多以教材为基础，形成以教材为主体、以教师教授本位价值观为核心的教材观念。随着课程改革的深入以及信息技术在课程教学中的广泛应用，课程材料的观念开始孕育起来。它既包括教材，又包括“学材”；既包括课本，还包括课本分析、教学指南、学习指南、多媒体材料和网络材料等。新的课程材料观念具体表现在以下几个方面：一是从过去的重视教师的教授活动转变为重视学生的学习活动；二是开发的材料从过去的教师教授本位转变为学生学习本位；三是开发的课程材料从过去的单一化转变为多样化；四是课程材料载体从过去的以印刷载体为主转变为以多媒体网络载体为主，进一步开发信息化整合课程包。

1. 课程包的含义

课程包概念经历了电子课本、课件、教学包、学习包和积件等概念的发展，以数字压缩技术和互联网技术为实现的条件。电子课本并不仅仅是电子化的课本，而是以信息技术为工具开发的、超越时空的多媒体课本，具有字、音、形、色、义等元素的合成性、动态性以及可再生性等特点。课件是专门为进行教学活动而设计的各种计算机应用软件，是文本、图形、图画、声音和动画等要素的集合体，包括用于控制和进行教学活动的程序，以及帮助开发、维护和使用这些程序的文档材料、附属的课本和练习册等。人们通常用 PowerPoint、Authorware、Photoshop 等多媒体编辑软件作为基本的技术平台来开发课件。“教学包”

(Instructional Package) 是经过全面的教学设计，由多种教学媒体组成的新型组合教学材料，包括教科书、教学参考书、录音带、录像带、幻灯片、电影片、投影片等。有的专为教师使用，有的是师生均可使用。所谓“学习包”(Learning Package)，是专为学生学习设计的，是根据学生学习某种学科知识或技能的需要而选择配备相关的以视听教材、模型、练习用的成套元器件以及印刷材料。学生可以按照学习包内程序的指导来制定进度以安排和检查自己的学习。在这两种课程材料的概念和设计中，包含了人们有意识地在课程规划和设计中使教学活动使用的课程材料和资源整合的努力。在保留课件优点的基础上，人们力图使开发出的 CAl 软件具有可修改性，从而使所有可供学习的课程资源通过计算机技术实现整合。由此，人们创造了积件（Integral Ware）思想，并开发了相应的技术。积件是由教师和学生根据教学需要来组合、运用多媒体信息资源的教学软件系统，是一个完全开放的软件系统。积件思想的核心就在于“积”，即教师可以根据课堂教学情境，适宜地选用、增删、修改已有的 CAI 软件或制作新的 CAl 软件。通过积件，教师可以在课堂教学中根据教学的实际需求，面对不同的教学对象，充分利用教学素材，结合教学策略，方便而灵活地调用或制作适应各种情境的有效课件（或微教学单元)。OLE（对象链接与嵌入）技术是实现积件资源库的交互与共享的核心技术。

课程包是为实现特定目标而设计的相互关联的教学材料（Teaching Material)。这一定义的主要内涵有：①课程包的基本观念是大课程观、学习化课程观，基本立场是以人的学习为本；②课程包的本质是课程整合的一种物化形态；③课程包的核心是丰富多样的学习活动；④课程包的构成包括学生的学习材料包和教学的辅助性材料包，主体部分是学生的学习材料包；⑥课程包的使用与发展要考虑借助各种媒体的形式予以实现，在当代信息化浪潮中，课程包以基于信息技术的多媒体网络为主流媒体；⑥课程包的主体是学习者。学生是学习者，教师也是学习者，教师的学习为学生的学习服务。

2. 课程包的组成

现代教育的课程包主要包括电子书包及其支撑资源和技术体系，后者又分为本地（学校或者社区）课程材料库、远程网络课程材料库和课程材料整合技术平台。

电子书包就是师生在教育活动中专门使用的电子化书包，主体是承载着各种主要的数字化课程材料、教学用具及其操作软件体系的微型计算机。

本地课程材料库是将课程材料以信息化形式存储在硬盘、光盘或局域网服务器上，包括多媒体材料库、学习单元库和题库。多媒体材料库是以知识点为基础，按照一定检索和分类规则组织的素材资料库。它是课程包支撑资源体系的主体部分，其发展的基本方向是网络化。学习单元库是把多媒体化的课程教学材料按照一定技术进行设计，使之适用于教师和学生教学活动的程序集，包括微教学单元、学习游戏、程序等。题库包括例题库和试题库。

远程网络课程材料库是将网络上可调用的远程资源作为课程资源库。一所学校、一个地区、全国乃至全世界的教学信息网络资源都可以在教学中利用一台个人计算机通过网络进行检索、下载与重组材料，也可以将本地课程材料以多种格式上传到 Web 服务器上，供师生下载使用。

课程材料整合技术平台是教师和学生选取、组合、加工并使用课程材料库展开教学活动的技术支持环境及应用环境，具体体现为技术、手段方式、方法在课程中的自觉运用。除了诸如投影仪、录像等一些常规的电教手段之外，主要还有基本的软件开发工具、资料呈现方式库、教与学策略库等。

三、信息技术与课程整合的基本模式

（一）模式的含义与特征

1. 模式的概念

通过考察模式的词源学意义和在不同学科应用的内涵，可发现模式具有以下几种含义：①尺度、样本、范本、模式和标准，②事物的有组织的结构，③一种开展研究的理论图式、解释方案或一种思想体系和思维方式，④是经验和理论之间的一种知识系统，⑤是再现现实的一种理论性的简化形式，⑥表明任何结构或过程的主要组成部分以及这些部分之间的关系。

综合来看，所谓模式是依据一定的理论基础表征实现活动的过程的一种模型或形式。模式蕴含着某种显现的或潜隐的理论倾向，代表某种对象的活动结构或过程，一般通过数学、图形或文字等简洁的形式再现对象的活动结构和操作程序。

2. 基本特征

（1）典型性。指模式的范型、样本或范本特点。

（2）简洁性。指表征方式的概括性、简单性和清晰性。

（3）再现性。指反映或描述现实的准确性或可信度。

（4）模仿性。指模式的借鉴和指导作用。

（5）中介性。指模式沟通理论与实践之间的作用，是模式的关键性特征。模式是将理论转化为实践经验的中介环节。其中介作用一方面表现为将实践经验抽象概括为理论的雏形；另一方面表现为根据一定的理论提出假设，设定相应的活动条件和操作程序以指导实践。

（二）信息技术与课程整合的基本模式

信息技术与课程整合是信息化社会对教育提出的要求，是教学现代化的必然选择，作为教学组织者和设计者的教师必须明确如何在教学过程中根据教学内容选择所需要的整合模式。以下是最常用的三种模式。

1. 信息呈现模式

信息呈现模式是指教师通过计算机或多媒体呈现教学信息和模拟教学过程中所需要的某种真实的现象情境，是信息技术与课程整合的最初表现形式。这种模式通常是教师利用现成的计算机辅助教学软件或多媒体制作工具，结合各种教学素材，制作有关教学内容的演示文稿和多媒体课件。

信息呈现模式的特点是简单，易操作，有利于快速、及时地呈现教学内容，节省了传统媒体所消耗的时间，不仅解放了教师，而且使学生得到了更多的关注，提高了教学效率。此外，由于教学中有些内容不便于讲解和演示，有些演示实验做起来很难驾驭或者效果不理想，如复杂而危险的化学实验或者需要时间才能呈现的化学反应等，如果借助 AR、VR 等技术可使学生形成强烈的直观印象，记忆深刻，加深学生对知识点的理解，也省去了教师冗长的讲解过程。

2. 实验探究模式

实验探究模式是指学生在教师的指导下运用多媒体或计算机中的工具软件进行探究性学习以及对学习过程中的一些规律或现象进行实验研究。在该模式中，具有初级人机交互性的信息处理设备是学生对话的对象，学生通过机器展现自己的思维，教师通过机器的运行再现学生的思维过程并进行评价。很多工具软件都可以为这种模式提供很好的支持。

实验探究模式的特点是教学方式、学习方式发生了变化，特别是学习方式，学生由原来只是听、看多媒体呈现的信息转变为自己运用多媒体动手操作，主动探究知识，并且在教学过程中学生进行合作学习，有利于培养学生的探究能力和动手操作能力。这种模式对教师和学生的要求较高，学生要进行探究，必须有探究动机，这就要求教师要能创设情境激发学生探究的兴趣，同时，要使探究活动有效地进行，学生还必须具有使用工具软件的能力和探究能力。

3. 网络互动模式

网络互动模式是教师与学生在网络环境中进行的互动教学，由教师将教学要求、教学内容以及教学评测等教学材料，或某个专题的研究材料通过网络呈现给学生，学生通过网络查找相关的信息，对所获得的信息进行加工、分析、处理，并经过自主探索或与伙伴之间的合作交流，使问题得以解决。在这种模式中，信息技术成为人与人对话的媒介，它实现了教与学的时空异步，教学可以在相同的时间不同的空间，不同的时间相同的空间或不同的时间不同的空间进行，因此，为了便于学生在解决问题的过程中获取资源，教师须提供大量与问题相关的信息资源。另外，还应设有负责对学生学习过程中的疑难问题提供帮助的系统，当学生遇到疑难问题时，可以通过网络询问教师，教师能给予解答。

网络互动模式的特征是对整个课程包括教学内容、教学目标、教学方式以及学习方式与教学组织形式等进行全方位的改革和信息化，创设有利于师生互动的教学氛围，教师从传统的教学主宰者转变为教学的指导者和帮助者，学生由被动地接受学习者转变为积极主动的学习者，并且不受时间和空间的限制，每个学生都可以根据自己的实际情况随时随地地确定学习内容或向老师请教，有利于学生的动手操作能力、自主探究能力、合作学习能力、交流能力以及信息素养的全面发展。网络互动模式对教师，学生及学校的要求更高，教师要具有组织、管理信息的能力，学生要具备收集信息、分析信息、解决问题的能力，同时为了保证教学过程的顺利实施，学校也要配备相应的信息资源设备和硬件设施。

第四节　信息技术与课程整合背景下的学习方式

信息化教学资源和现代信息技术作为教学的有力支持，对于培养学生的信息素养、实践能力和创新能力具有至关重要的作用。通常将信息技术与信息化教学资源的应用方式分为三类：①L-about IT：把信息技术作为学习对象；②L-from IT：把信息技术作为教学辅助工具；③L-with IT：把信息技术作为学习的认知工具。

一、L-about IT 方式

L-about IT 方式，即将信息技术作为学习对象的方式。一是学习信息技术知识：像物理、化学一样，信息技术科学凝聚了人类的智慧，学生应当学习信息技术科学知识，了解计算机的基本原理、构成、程序语言、历史以及未来发展趋势等；二是学习信息技术的基本技能：信息技术在社会中具有广泛的用途，作为未来社会的公民，学生应当掌握信息技术的基本技能，如开关机器、使用键盘和鼠标、管理软件等；三是学习信息技术的用途和影响：信息技术对社会产生了重大影响，学生应当了解信息技术给社会各领域带来的变化及问题，知道信息技术能做什么，不能做什么。主要包括以下几种应用形式：

（1）课堂演示模式。教师根据教学的需要，利用信息技术向学生演示各种教学信息，它们可以是教师设计的教学信息（课件），也可以是来自教学资源库或网络上的教学信息；将有关的板书内容、教学挂图、实物模型等通过电脑处理后传递给学生，使学生在教室中就能体验与实际情况相类似的情境。

（2）网上资源模式。向学生提出问题，然后引导学生通过查询网络获得多样化的、丰富的信息资源，帮助学生对收集到的信息进行筛选、分析和重新组织，并结合自己的观点，提出解决问题的方案。

（3）课程学习自主模式。教师利用信息技术，将丰富的、能够满足不同层次学生需要的学习内容，编制成网络课程，供学生自主学习；学生可以根据自己的基础和能力，选择学习内容。这种模式比较适合于复习课。

（4）课外学习模式。教师用计算机备课、查询教学信息，学生利用计算机访问校园网、教师个人主页以及网上的教学资源，或在网络上相互学习，相互交流。

二、L-from IT 方式

L-from IT 方式，即将信息技术作为教师教学的辅助性工具。这种方式比较适用于多媒体环境下的课堂教学，其中比较常用的模式是“情境—探究”教学模式。

情境—探究模式就是利用信息技术，创设探索与发现的教学情境，通过任意改变问题的条件，自由输入各种参数，观察、比较实验结果，分析问题的因果关系，找出焦点，发现规律，培养学生的科学探究能力，如图 4-2 所示。

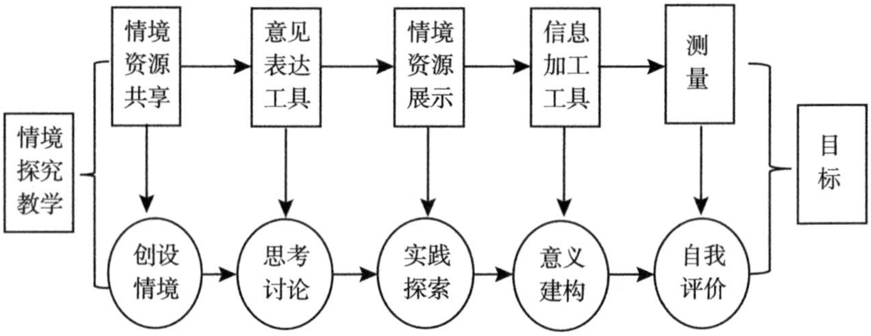

图 4-2 “情境—探究”模式教学过程

L-from IT 是信息技术用于学科教学的最初表现形式，是信息技术和课程整合的最低层次，目前大多数基础教育和高等教育都采用这种方式。教师可以使用现成的计算机辅助教学软件或多媒体素材库，选择合适的部分用于授课，也可以利用 PowerPoint 等多媒体制作工具，结合各种教学素材，编写演示文稿或多媒体课件，清楚地说明讲解的结构，形象地演示其中某些难以理解的内容，或用图表，动画等展示动态的变化过程和理论模型等。另外，教师也可以利用模拟软件或者计算机外接传感器来演示某些实验现象，帮助学生理解所学的知识。

三、L-with IT 方式

L-with IT 方式，即将信息技术作为交流工具。网络通信技术为信息的沟通交流提供了有力的工具，世界上不同国家的教师或学生之间可以将信息技术作为辅助教学或沟通的工具，实现了师生之间情感与信息交流。

这种方式主要是将信息技术作为课堂内容和学习资源的获取工具，作为情境探究和发现的学习工具，作为合作学习和交流谈论的通信工具，作为知识建构和创作的实践工具，作为自我测和学习的反馈工具。根据信息技术作为认知工具的应用环境和方式的不同，又可分为：①资源利用—主题探究—合作学习模式，这种模式是通过社会调查、确定主题、分组合作、收集资料、完成作品、评价作品、意义建构等环节完成课程学习，比较适用的环境是校园网络；②小组合作—远程协调模式活动包括围绕主题收集资源、制作网页、相互观看、发表意见、总结体会，③专题探究—网站开发模式，这类整合模式主要适用于网络环境下对某一专题进行较广泛、深入的探究学习，并借此培养学生的创新精神和实践能力，最终提高学生的综合素质，如图 4-3 所示。

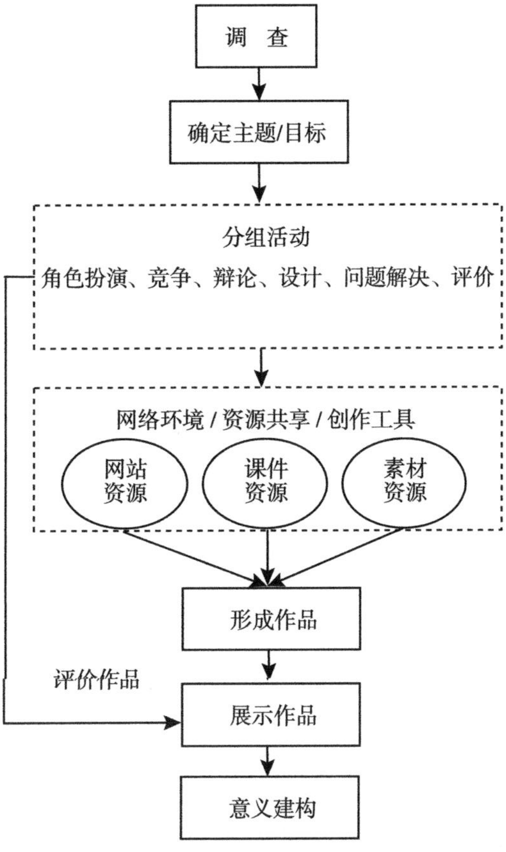

图 4-3　“小组合作—远程协调”模式的示意图

开发篇

第五章　信息化教学资源开发顶层设计

进入21世纪，信息技术已渗透到社会经济发展和生活的各个方面，人们的生产、生活、学习方式正在发生着深刻的变化，终身学习、个性化学习、优质教育和全民教育已经成为信息时代教育发展的重要特征。信息化教学资源建设作为推行教育信息化、推进教学改革的重要保障，受到了普遍的重视。因此，信息化教学资源的开发也成为教育过程中的重要环节。

顶层设计是指从全局的角度，结合国家标准、信息化教学资源现状，基于学校实际出发规划开发信息化教学资源的课程群，制定开发内容、开发标准、开发体例，避免低效重复劳动，开发质量高、实用性强的信息化教学资源。信息化教学资源建设主要包括两个类别：一是素材类，主要包括案例素材、试题库、试卷素材、媒体素材、文献素材、课件素材、常见问题解答等。二是网络课程类，主要包括课程标准、授课进度计划、电子教案、电子课件、实训（工作）任务单、考核方案、考核标准、试题库、试卷库、实践技能测试标准、实践技能测试题库、案例库、教学视频、微课、网络课程平台等。

图5-1　信息化教学资源开发技术路线

信息化教学资源开发主要遵循统一的技术路线，即资源设计→脚本编写→资源开发，如图 5-1 所示。

第一节 资源设计

资源设计是指确定每种资源的表现形式、数量等。资源开发是指遵循资源开发的相关规范，使用相应开发工具，进行的开发工作。在进行资源设计之前，首先要确定资源的种类以及需要的技术支持。技术影响着教育的每个环节。因此在进行资源设计的时候，要注意以下几个方面：

（1）学校已经具备哪些教学资源？巧妇难为无米之炊，要先确定是否具备相关条件，再进行下一步的设计。

（2）原教学资源是否存在问题？资源与课程的联系如何？考虑该步骤的目的旨在清除开发之前的障碍。

（3）现有的资源有哪些不同或者个性化学习手段？使用者如何使用这些教学资源？

在进行资源设计的时候，还需要关注学生的使用体验，大部分情况下学生的层次是参差不齐的，因此，在进行资源设计时还要考虑个性化问题。

在教学资源的准备和设计中，遵循一些基本原则可以提高教学资源的质量和有效性。

一是相关性：教学资源应该与制作目的以及学生对主题的理解水平相关联。例如，在课后发放了内容复杂的材料，但是在讲课的过程中却没有提及这些材料，这就是违背相关性原则的典型行为。

二是连贯性：资源制作者通常需要一些指示来明确这些资源的使用目的，并且将它们与学生已经了解的内容建立合理的联系。

三是简洁性：语言简洁，避免不必要的要求。资源制作者应对复杂内容提供合适的摘要，这能够对理解材料起到积极的帮助作用。例如，在某些情况下，一张简单的线条示意图可能比彩色照片或计算机制作的幻灯片更具有解释作用。

四是给出强调：起强调作用的“标识”可以整合到所有的教学材料中，用于强调重要的观念，指出论证过程的变化或引出新的材料。强调的方法有：①大写或加下画线，②在表格和幻灯片中合理使用颜色，③在录像中使用指示图或特写镜头，④在微课背景音中加入强调，如“这是一个重要的因素”之类的陈述。

五是使用模式或方式保持一致：让学生从资源制作者呈现材料的特定方式中获得某种熟悉感，将更易于上手或理解，避免因不必要的形式变化使其感到疑惑。

第二节 脚本编写

脚本是资源编制的蓝图，是以学科知识逻辑体系为框架，规定了资源设计的基本要求和规格，综合考虑了计算机性能、现代成人教育思想等诸多因素，融合了声、光、电、色以及信息加工等多学科知识而形成的有关资源制作的纲领性文件。它严格规定了资源研制的方向和最终成果，是资源研制质量的根本保证。脚本编写的主要特征有以下三个方面：

第一，知识性。资源脚本是在该资源可实现的平台中对学科知识的再现。知识性是脚本在资源编写中的特殊需要。知识性既意味着所承载的学科知识的准确无误，还意味着所授学科知识的完整体系，更意味着学科知识逻辑体系的精致结构化。在信息化教学环境中，学生主要通过与计算机的交互，开展主动探究式学习来达到对知识的理解和掌握。因此，如果脚本中的某些知识点有误，造成的不良后果既影响面广，又持续时间长。资源脚本必须确保学科知识的准确性。

第二，趣味性。教学是一门艺术，教学环境中的情景交融是达成较为理想的教学效果的必要条件，此为“寓教于乐”。因此，脚本并非千篇一律的学科知识内容的静态呈现。脚本的趣味性具体指在脚本协作中充分兼顾每个知识点的趣味性，把知识点与各种有趣的图像、模型、动画以及声音等元素有机结合起来，共同完成对学科知识的呈现。具有趣味性的资源脚本能吸引并稳定学生学习的注意力，并极大地激发学生的学习兴趣，还能在一定程度上消除或缓解学生的紧张情绪，使学习变得更为轻松，更加愉快。

第三，创造性。脚本不是教案或讲义的翻版，更不是对教案或讲义内容的随意扩编，而是根据教学大纲，在吸收总结以往教案、讲义中学科知识呈现的合理性成分的基础上，依据学科知识的完整性和逻辑体系，对教材进行创造性的内容增删和层级安排，以求达到学科知识体系的高度统合。创造性意味着每个知识点都将与特定的声音、图像、动画、图形等元素相结合并合理呈现，适当穿插有关知识点的背景材料介绍，使呈现在学生面前的不是单一维度的平面知识，而是多维度的立体知识图画。创造性要求集中任课教师、计算机专家、教育学家、认知科学家、美学家的集体智慧，共同参与脚本编写。

第三节 资源开发

信息化教学资源的开发需要有章可循，因此，制定开发标准、开发体例是团队合作开发的关键。开发标准是指对每类资源的格式、大小、行文等要素制定相应的技术要求。开发体例是指遵循资源技术要求，并将其具体化，即呈现每类资源的开发模板。模板的制作是同类资源开发的指导性文件，为信息化教学资源开发的顺利实施提供了保障，如表 5-1 所示。

表 5-1 **信息化教学资源开发要求**

序号	资源类型		技术要求
1	媒体素材	文本素材	行文要求：一级标题：宋体、三号、加粗、居中、段前 1 行，段后 1.5 行；二级和三级标题：仿宋、小四、加粗；正文：仿宋、小四；行距 1.5 倍；格式要求为 doc、pdf 等
		图片素材	包含环境、建筑、道具、角色模型等素材；格式要求为 jpg、png 等
		视频素材	包括网络教学视频、经典动画电影等，格式要求为 avi、mov、mp4 等
		动画素材	包括符合运动规律的动画素材、经典动画短片等，格式要求为 avi、mov、flv 等
		音频素材	包括各类环境声音、背景声音、动物声音、人声、各类音效素材；格式要求为 mp4、wav 等

续表

序号	资源类型		技术要求
2	教学课件		按照教学课件体例进行编写，教学环节完整，教学设计合理，图文并茂，体现师生活动及评价方式等；格式要求为 PPT，配套素材媒体一并保存
3	案例库		按照教学内容安排，包括与课时对应的课内教学案例、拓展案例、综合应用案例等，案例包括案例用素材、效果文件等
4	试题库		包括理论试题及操作试题库
……	……		……

表 5-2　　**信息化教学资源评价标准**

序号	资源类型		评价标准	评价等级
1	媒体素材	文本素材	行文符合技术要求，格式规范	优 良 中 较差 差
			内容丰富，实用性强	
			无错别字和英文拼写错误	
		图片素材	图片素材内容丰富，实用性强	
			图片质量高，满足使用需求	
		视频素材	视频素材内容丰富，实用性强	
			视频质量高，满足使用需求	
		动画素材	动画素材内容丰富，实用性强	
			视频质量高，满足使用需求	
		音频素材	音频素材内容丰富，实用性强	
			音频质量高，满足使用需求	
2	教学课件		课件数量与课程授课进度计划相符，包括课程中的所有知识内容	
			课件中对知识点表达清晰，重难点突出	
			课件教学环节完整，教学设计合理，符合认知规律	

信息化教学资源的评价可用于确定信息化教学资源的等级，监督并促进信息化教学资源建设质量的提高。信息化教学资源的评价可分为总体评价和分项评价两部分。总体评价是指对信息化教学资源的科学性、教学性、技术性、规范性、实用性等方面进行评价。分项评价是指对信息化教学资源的每个类别分别进行评价，如表5-2所示。

信息化教学资源的开发促进了教育方式、教育手段的变革，满足了教师的教学需要与学生的自主学习的需要。教师利用文字、图像、动画、教学视频等多种信息化教学资源，充分调动学生学习的积极性，把学生从单一的课堂学习中解放出来，实现课上学习与课下学习相结合，为学生营造时时可学、处处能学的浓厚学习氛围，使教学质量得到明显提升。教育信息化向每位教育工作者提出了新的要求和挑战，信息化教学资源开发作为教育信息化的基础，需要更多的教育工作者担负起教育职责，集合教育智慧开发更多优质的信息化教育资源。

第六章　信息化教学资源的设计与开发

第一节　多媒体课件的设计与开发

一、多媒体的开发环境

进行多媒体课件开发需要一定环境，包括硬件、软件和人员这三方面的共同支持才能完成。在此主要讲解其中的“硬件”与“软件”。

（一）硬件需求

在多媒体制作过程中，需要使用大量文字、图片、音频、视频等素材。特别是对音频和视频的处理，会耗费大量时间，如录音、声音的剪辑与合成、视频转换（从录像带上将资料转至计算机中）、视频的剪辑与合成等。如果拥有一套高性能的计算机系统和与之相配套的附属设备，不但可以轻松完成制作任务，还可以从中体会到多媒体制作的无穷乐趣。

由于多媒体制作的内容和复杂程度不尽相同，因此对计算机的硬件要求也大不相同。一般来说，为了能正常且快速地完成多媒体制作，应具备以下设备：

1. 视频捕获设备

它是连接外部视频信号与计算机的桥梁。外部视频信号只有通过视频捕获设备捕获并转换为数字信号后才能被计算机处理。目前，市场上流行的视频捕获设备具有收看电视、采集压缩视频信号等功能，能胜任一般商务、教学、办公等领域多媒体制作要求。

2. 录音设备

使用音频线将录音机的线路输出插孔与电脑上声卡的线路输入插孔相连接，在电脑中进行声音的采录，即所谓的“声音数字化”。一般使用一个质量较好的话筒，直接使用计算机中的声卡来进行录音即可。得到数字化声音后，可按需进行后期处理，如混音、剪辑等。

3. 录放像设备

使用摄像机进行摄像，或使用现成的录像带，再使用放像机进行放像，并通过视频捕获卡将内容捕获至计算机中。一般会捕获动态的录像内容，也可只捕获静态（单张或连续多张）的图片。在捕获静态图片时，可使用微型摄像头将其固定，并对准待摄物体，调节好各参数后进行捕获。

4. 扫描仪

将印刷图片扫描后转换成数字化图像，使用图像处理软件进行处理，然后应用于在多媒体软件中。虽然使用摄像头可以捕获静态图片，但通过摄像头捕获得到的静态图片分辨率低，色彩还原度不好，有时不能满足实际需求，扫描仪则还原度较好。

5. 数码相机

除了可以使用摄像头、扫描仪进而得到静态图片外，还可以使用数码相机直接拍摄以得到高分辨率的图片。

（二）软件需求

在演示软件制作中，选用合适的软件可以使工作事半功倍。可根据实际情况，以及制作者对软件的熟悉程度、演示的复杂程度来选择。使用不同软件能制作出不同效果，而即使是同样效果，通过不同软件来实现的难度也不一样。

1. 视频捕获软件

通过编写相应代码，改变相关属性便可实现图像数据、视频数据以及音频数据的采集和后续处理等功能的操作。在视频捕获过程中可以设置采集速率和视频格式，调用视频源和视频压缩的设置框，指定任意的 avi 文件，并可动态复制捕获内容，常用的有 Video for Window（VFW）等。

2. 影视合成软件

影视合成软件可以分为面向流程的合成软件和面向层的合成软件。面向流程的合成软件的主要特点为其节点式的合成方式，软件在合成过程中把合成画面所需要的一个个步骤作为节点，通过把若干个节点连接起来，形成一个流程，从而使原始素材经过种种处理，最终得到合成结果。目前市场上流行的面向流程的合成软件有 DigitalFusion、Shake、Chalice 等。面向层的软件的主要特点即采用层叠加的合成方式。通过对每一层进行操作，如增加滤镜、抠像、调整等，使每一层画面满足合成的需要，最后把所有图层按一定的顺序叠合起来，就可以得到最终的合成画面，如 DiscreetlLogic 公司 Inferon/Flame/Flint 系列软件就属于此类，常用的还有 AfterEffects、Combustion 等。

3. 音频合成软件

多媒体课件中常需要背景音乐及音效，一般可通过互联网上的音频素材库获得，也可自行录制和编辑。常用的是 GoldWave 软件，在计算机安装了话筒的情况下，GoldWave 软件可以很好地录制声音，而且没有录制时间的限制，除了录制音频素材外，GoldWave 软件还具有强大、复杂的音频编辑和特效处理功能，以及 CD 录制、音乐格式转换等功能。该软件图形界面友好，操作简单。此外，Windows 系统自带的“录音机”、Sound System、Sound Forge 等软件也具备相似的功能。

4. 图像编辑软件

图像编辑软件可用于对扫描或捕获得到的静态图片进行处理，如 Adobe Photoshop 等。

5. 媒体制作软件

多媒体制作所使用的核心软件，常用的有 Authorware、Dreamweaver、Macromedia Flash、PowerPoint 等。Authorware 是一个功能强大且易学易用的多媒体制作软件，是以图标为基础、流程图为结构的编辑平台，能够将图形、声音、图像和动画有机组合起来，形成一套完美的多媒体系统。Dreamweaver 是集网页制作和管理网站于一身的所见即所得网页编辑器，是一套针对专业网页设计师特别开发的视觉化开发工具，能够轻而易举地制作出跨平台限制和跨浏览器限制的充满动感的网页。利用 Macromedia Flash 设计制作的网页式多媒体演示软件，不但灵活方便，而且体积小巧，方便在互联网上发布，便于学习交流。PowerPoint 的运用是最普遍的，在此不做赘述。

以上所提及软件并非必须全部安装，而是可根据制作需要和个人习惯，每种工具安装一至两个即可。

具备适合的软硬件环境，然后通过收集资料、素材，并按照多媒体软件制作流程，编辑、录入、修改，同时加入出色的创意，便可把教学内容制作成生动的多媒体演示软件。

二、多媒体设计作品的特点

（一）多媒体作品概述

多媒体作品是指以计算机和网络技术为基础，将文本、图形、声音、图像、动画等各种媒体元素组合得到的产品。创作人员根据自己的创意，先从总体上对信息进行分类组织，再把文字、图形、图像、声音、动画、影像等多媒体素材在时间和空间两方面进行集成，使其融为一体并赋予交互特性，从而制作出各种精彩纷呈的多媒体应用软件产品。在教学中，多媒体作品一般是指多媒体课件，简而言之即是教师用于辅助教学的工具。

（二）多媒体作品的特点

1. 表现力丰富

多媒体课件可以呈现多姿多彩的内容，非常逼真且自然，不仅可以对宏观事物进行模拟，也可以对微观事物、抽象事物、无形事物进行模拟，并且一般都表现得非常生动且直观；还可以把复杂事物或过程通过动画或录制视频等方式，简单直观地呈现给学生，使枯燥无味的课堂充满生机和活力。

2. 交互性良好

多媒体课件为使用者提供良好的交互功能，可根据教学中的实际情况及学生接受知识点的情况，适当调整教学策略，使教师能够驾驭整个课堂，实施因材施教的个性化教学。

3. 共享性强

随着网络和计算机技术的飞速发展，只需把一个优质多媒体课件在互联网上进行共享，便可迅速在全世界范围内传播开来，使设计者能将自己的资源共享给全世界。

（三）多媒体作品的设计原则

1. 教学性原则

使用多媒体作品的目的是优化课堂教学结构，提高课堂教学效率，既要有利于教师的教，又要有利于学生的学。因此，应当考虑利用某个课件进行教学是否有必要性，即课件的教学价值。课件的教学价值主要表现在课件的教学目标、内容的选择及组织表现形式中，也可从以下几个方面来理解教学性原则的含义：

（1）教学目标。明确课件要解决什么问题，达到什么目的。根据教学设计不同，目标可大可小。

（2）课件内容。内容的选取需考虑两个因素：其一，选取缺少演示实验或不容易做演示实验，在传统教学中一直采用讲述教学，且教学结构单一的教学内容，其目的是优化教学结构，使学生愉快、主动地学习；其二，选取在课堂上用常规手段不能很好解决的问题，即教学难点，其目的是实现新知识的顺应、更新或重建学生的认知结构。

（3）组织表现形式。在内容组织上需发挥计算机的特有优势，且符合学生认知规律。课堂演示型课件在课堂上的优势是动态模拟，以创设情景来激发学生兴趣，扩大学生的感知，帮助学生掌握概念和规律。对于模拟，既要有连续演示，又要有分步骤演示。只有连续演示不利于教师讲解，只有分步骤的演示则不利于学生形成整体印象。如果一个课件缺乏创意，仅仅是板书、习题“搬家”，那么其教学价值就可能更低。

2. 控制性原则

课堂教学时间是有限的，教师和学生不能把宝贵的时间浪费在课件调试和控制上，也不能把课件变成影片，一放到底。因此，课件的操作要简单、可靠，便于教师和学生控制，使师生经过简单训练便可灵活使用。具体有以下几个方面的要求：

（1）方便使用，课件可自由拷贝至硬盘上；

（2）良好的操作界面，在课件的操作界面上设置寓意明确的按钮和图标，避免层次太多的交互菜单；

（3）为方便教学，应设置好各部分内容之间的转移控制，可方便前翻、后翻、跳页；

（4）若教师执行错误操作，可方便退出或重新进入，避免死机现象，提高课件运行的可靠性。

3. 简约性原则

课件的展示是通过计算机屏幕、大屏幕电视或大屏幕投影实现的，学生接受信息的主要渠道是视觉刺激，因此，投影画面应符合学生的视觉心理，并遵循简约性原则，具体表现为以下几个方面：

（1）画面布局突出主体，同一画面中的对象不宜多，运动的对象一般不要超过两个；

（2）图形需简约化，避免单纯“求真实”倾向；

（3）同一画面中的色彩数量不宜多，以不超过四种为宜；

（4）避免给表现内容添加无益的花边或彩框；

（5）减少文字数量，过多的文字不但容易使人疲劳，而且可能干扰学生对相关过程的感知；

（6）不必制作太华丽的片头（相当于电影的序幕），内容切换建议采用淡入、淡出的方式，避免多余动作；

（7）尽量少用音响，除非是必要物理现象的拟音、现象描述和规律陈述等，其他内容尽量不以声音信号的形式出现，以减少无关信息对学生的干扰。

4. 科学性原则

科学性无疑是课件评价的重要指标之一。科学性的基本要求是不能出现知识性错误，模拟情景应符合客观规律及相关原理。但若片面强调科学性，便会束缚手脚，不利于广大教师走进课件编制者的行列。因此，在科学性评判上宜粗不宜细。具体应考虑以下几个方面：

（1）生动创设情景，正确模拟原理，反映主要机制，可适当淡化细节。例如，动态模拟日食和月食的演示，能显示本影区和半影区，日、地、月三者位置关系变化即可，不必估计地球绕日公转一周、月球绕地球转 12 周以及轨道共面性差异等细节，否则画面不简约，易干扰主题。

（2）尊重客观现实，允许必要夸张。例如，物理中弹性碰撞的演示，经过碰撞后小球的形变和恢复形变的过程，为使学生充分感知形变过程，可以对形变程度进行夸张处理，使形变量足够大。

（3）显示的文字、符号、公式、图表及概念、规律的表述力求准确无误，语言配音需准确，但个别字符错误不宜责为科学性错误。

5. 艺术性原则

“课件设计，七分艺术，三分科学”。其中的“艺术”，不仅仅包括美丽的图片、动听的音乐，更主要的是具有“方式与方法”，具体是指融入心理学、创意学、教育学原理，有利于提升学生的审美能力，体现了教师对学科标准的理解，对专业知识的掌握，而并非单纯的“华丽性”。

如果一个课件不仅能取得良好教学效果，而且使人赏心悦目，使人获得美的感受，则该课件具有较高艺术性。这样的课件是好的内容与美的形式的统一，美的形式能够激发学生兴趣，更好表现内容。其表现在以下几方面：

（1）展示对象结构对称、色彩柔和、搭配合理、具有审美性；

（2）在不违反简约性原则的前提下，使对象更加逼真，如采用 3D 效果；

（3）对象连续运动流畅，无拖沓、跳跃感觉。

（4）有必要的配音，且音色优美。

第二节　专题学习网站的设计与开发

一、专题学习网站的内容设计

（一）专题学习网站概述

专题学习网站是实现信息技术与课程整合不可或缺的教学平台之一，教师可利用专题学习网站开展课堂教学，学生可利用专题学习网站提供的资源来开展自主学习、合作学习等学习活动并对某一专题进行深入探究，达到培养其创新与实践能力的目标。

目前，对于专题学习网站，诸多专家学者给出了不同的定义，这些定义虽各有侧重点，但归根结底有如下共同之处：①以信息技术、网络资源和课程标准规范为基础，②以探究学习与合作学习为主要学习模式，③以提供资源与信息处理平台为基本功能，④以培养学习者观察与思维能力、创新精神与实践能力以及提高信息素养、改变传统教学方式和学生学习方式，实现学习者和指导者的共同发展为目的。

专题学习网站是基于信息化技术与网络资源的，在已有课程标准规范下进行专题探究与合作学习的学习系统。在此系统中，学习者利用专题学习网站提供的学习资源，通过对信息收集、整理、评价和应用来解决问题。

（二）专题学习网站的特色

专题学习网站不同于一般商务网站，也不同于网络课程，有其独特之处。专题学习网站的主要特色表现为以下几点：

一是主题鲜明。一方面，专题学习网站的主题一般都选自教材或与教材相关的内容；另一方面，专题学习网站的选题范围都较小，使专题学习网站的呈现效果小而精。

二是内容精悍。专题学习网站内容均围绕某一主题进行组织，不仅内容丰富，而且针对性强。

三是交互性强。为了方便学习，专题学习网站均具有强交互性，具有动态资源库，能让学习者体验到较强的参与性。

四是有良好网络学习环境。专题学习网站为学习者提供了大量相关资源与多样化的学习工具，有助于学习者进行自主学习、协作学习或研究性学习。

（三）专题学习网站的内容设计

专题学习网站通常由以下五部分组成：

1. 结构化知识

结构化知识是指将新课程标准要求学生必须掌握的知识内容按照一定教学策略进行分类，并以恰当形式（文本、图像、动画、视频、音频等）组织在学习网站中，以网页形式重新呈现，将知识内容以专题结构化形式展示。学生的学习具有结构化特性，学习目标也更清晰明确，而不至于漫无目的。这部分内容需学习者根据自身实际情况，制订学习计划，自主完成对知识的意义建构。

2. 扩展性学习资源

扩展性学习资源是对结构化知识的扩展和延伸。资源表现形式有两种，一是可以以物理形式存在于专题网站中，如一个海量的、按元数据规范开发的、与本专题相关的资源数据库，也可以是经过整理归类的网页集合。二是以非物理形式存在于专题网站中，网站提供相应线索，使学习者能够通过链接获得资源。具体而言，其形式可以是指向互联网上相关资源网站或网页超链接清单，也可以是搜索引擎工具等。

3. 协作交流区

协作交流区是指供学习者进行异步交流的论坛、进行同步交流的聊天室和便于日常学习成果积累的博客等，达到通过网站实现会话、协作、讨论、答疑和指导等目的。不同于传统课堂提供的口头交流讨论，协作交流区以网络为平台，突破时空限制，为学习者提供讨论交流的自由空间。在专题学习网站环境下，学习者可以利用互动交流板块提出困惑，分享心得体会，并通过辩论、提问与回答等方式使问题得以解决、知识得以建构。

4. 学习评价区

学习评价区是指为学习者提供自我学习评测的手段，收集学生在专题学习过程中表现和学习成果，提供学习评价量规，以多主体评价和过程性评价为主要方式。不同于传统问卷考试，自我评价系统将与主题相关知识内容、形成性练习和总结性考察测评资料等通过网络整合起来，以便学习者在网上实现自我测评。完善的自我评价系统一般具有题目丰富、考察面广、针对性强等特征。通过测试，学习者可及时根据反馈信息来自行判断是否达到教学目标要求、是否掌握重难点，并可利用该平台反复学习、重测，直到完全掌握知识内容。需特别注意，一定要避免将纸质试卷测试题照搬到该系统中。

5. 系统管理

系统管理的主要任务是对专题学习网站中的教学活动和学习资源进行有效的管理，包括文章的修改、专题的添加、评论的审改，因此可以将系统管理看作是一个基于内容的网站。这类网站的重要部分可以由特权用户很方便地进行修改或更新。主要包括了新闻、专题、文章、公告配置、教学资源下载、数据统计、在线投票等内容，还可以实现对生成网站中的日常新闻、公告，以及用户所发专题报告的基本配置；也可以实现对网站所有的教学资源的在线观看和下载；对网站各种信息的统计与分析以及在线投票等功能。

二、专题学习网站的设计原则

（一）专题学习网站的设计思想

专题学习网站是一种整合学习资源，旨在培养学生的学习能力、创新精神与实践能力，提高学生的信息素养。其应用模式为“教师主导—学生主体”网络化探究教学模式，即通过网络，在教师指导下，学生形成不同学习小组，通过对专题学习资源阅读、探索、讨论等，形成自己见解、报告等，并实现自我评价。专题学习网站强调学习资源的建设与协作学习方式的提供。专题学习网站建设中最重要的内容是学习资源的收集、整理、分类，必须能为学习者提供大量数字化学习资源。而基于网络协作学习平台是保障师生广泛参与专题建设与专题学习的基础，也是实现网络化协作探究教学模式，培养学生创新精神与实践能力的重要手段。

专题学习网站中的“结构化知识”“扩展性学习资源”“协作交流区”和“学习评价区”四大部分，从学习内容、学习策略、学习方式等角度相互补充、相互配合，完成学习资源与学习过程的整合，有利于实现教学目标。

（二）专题学习网站的选题原则

专题学习网站设计是从课题选择与确定开始，专题学习网站的选题将直接影响其教学内容设计、教学活动安排、信息呈现方式以及教学模式等。因此，确定选题是专题学习网站开发中的关键步骤。

教学使用的专题学习网站的选题应基于专题学习网站开发目的、要求以及多媒体教学特点，并在分析教材、分析学习者特性的基础上进行。

1. 分析教材内容，找出新知识点

教师应首先根据教学大纲规定的教学目的和要求，分析教材，找出新知识点，并把总教学目标转化为具体教学目标，如弄懂什么（理论、原理、定理、法则、公式）、发展什么（智力、能力）、学会什么（方法、技能、技巧）、培养什么（观察、分析、解决问题的能力，抽象逻辑思维能力、道德品质、习惯）等。

2. 分析教学目标，找出教学重点

分析教学目标，一般可从知识和能力两方面进行。学生在学习过程中对于各种信息的处理，最初均通过直接或间接观察获得事实，并由此归纳、抽象为概念、原理和方法等。如此一来，具体知识就表现为“事实、概念、原理、技能和方法”中的某一类或几类，再根据知识的所属或构成来分析学习该知识需要何种能力，并揭示学习内容中各项知识与能力相互关系，进而确定教学重点。

3. 分析学习者特性，找出学习难点

学生是信息加工的主体，是知识意义的主动建构者。学习难点应是针对学生而言的。分析学习者特性并找出难点，通常是在上述两项的基础上进行。学习者的特性主要包括学习者的认知阶段、认知模式、原有知识水平以及学习者学习和生活经验水平等。认知阶段体现了学习者的一般学习特征，不同认知阶段的学习者具有不同认知特点。例如，小学生认知特点主要是行为表象，即以形象思维为主；中学生的抽象逻辑思维能力逐步增强，大学阶段的学生的认知特点则主要是符号表象。认知模式是指学习者对信息获取、处理的模式，不同学生具有不同认知模式。例如，有的学生能对周围环境进行分析，将认识对象从背景中分离出来；有的学生对外界认识则易受所处的环境影响；有的学生能根据刺激的部分属性对刺激进行分析；有的学生能对各种事物共性进行推理和分类等。另外，学习总是在一定条件或一定基础上进行的，学生原有知识水平和学习经验水平是学生展开新学习的基础和条件。对学习者特性进行分析，很容易找出学习难点。含有学习难点的内容，最适合作为专题学习网站选题。

由此可将专题学习网站的选题原则总结如下：

一是教育性。选题内容具有一定教育意义，符合教学规律和学生的特点，有利于学生对知识的系统学习和创造性思维的培养，有利于学生的信息素养提高。

二是科学性。选题内容正确、逻辑严谨、扩展资源内容健康、分类合理、突出专题特征。资源库需符合国家、国际目前通用的技术标准，协作学习研究活动具有一定科学性和可行性。

三是整合性。选题需在专题范围内自成体系，各相关知识点围绕专题设立，可取自一门学科，也可覆盖多门学科，并通过提炼体现知识有机融合。比如，“丝绸之路”专题学习网站就是在初中历史学科知识基础上综合了语文、地理、政治等学科知识。

四是选题小而精。选题定位小、内容精，选择题材涉及面可以很广，不仅仅局限于学校学科教学，但须有所侧重，以实用为主。

五是选题独特新颖。专题学习网站是一种以学生为中心的新型学习媒体，在充分利用网络多媒体技术优势基础上，选题应独特和新颖，具有丰富知识性与趣味性，有利于提高学生学习兴趣，有利于引导学生在专题学习基础上继续进行研究性学习。

（三）专题学习网站的设计原则

基于专题学习网站的选题思想，可确定专题学习网站的设计原则如下：

1. 教学性原则

专题学习网站是为了教学需要而设计。因此，与专题学习网站设计相关的一切活动均围绕教学需要展开，包括确定主题、选择内容、设计交互、制定评价指标等。

2. 内容整合性原则

专题学习网站内容以专题为线索，融合多学科知识，在新内容的基础上进行知识和结构重构，从而达到高度整合。

3. 功能综合性原则

专题学习网站围绕某个主题展开深入研究，并提供必要资源，不仅可作为学生自学和进行探索性、协作性学习的工具，也可作为教师备课、上课的平台。因此，它集多种功能于一体，提高了资源使用效率。

4. 教学设计原则

专题学习网站高度重视教学设计——教学设计不仅是一般教学活动中的必要步骤，更是专题学习网站设计中必不可少的环节。只有经过教学设计，才能确定知识的表现形式和内容的组织结构，从而达到网站设计目标。

第三节 VR/AR课程设计与开发

一、VR/AR课程设计与开发的特点

(一) VR技术简介

虚拟现实技术(Virtual Reality,简称VR)是利用三维图形生成技术、多传感交互技术以及高分辨显示技术,生成三维逼真的虚拟环境,使用者戴上特殊的头盔、数据手套等传感设备,或利用键盘、鼠标等输入设备,便可以进入虚拟空间,进行实时交互,感知和操作虚拟世界中的各种对象,从而获得身临其境的感受和体会。在教学中应用VR技术可以交互地展示三维物体,甚至在虚拟实验室等教学情境中动态地呈现微观世界,开展网络虚拟化学习。

(二) AR技术简介

增强现实(Augmented Reality,简称AR)技术是一种将真实世界信息和虚拟世界信息"无缝"集成的新技术,是把原本在现实世界的一定时空范围内很难体验的实体信息(视觉信息,声音,味道,触觉等),通过电脑等科学技术模拟仿真后再叠加,将虚拟的信息应用到真实世界且被人类感官所感知,从而达到超越现实的感官体验。

AR技术包含多媒体、三维建模、实时视频显示及控制、多传感器融合、实时跟踪及注册、场景融合等新技术与新手段,不仅展现了真实世界的信息,而且将虚拟的信息同时显示出来,两种信息可相互补充或叠加。在视觉化的增强现实环境中,用户利用头盔显示器,把真实世界与电脑图形多重合成在一起,真实的环境和虚拟的物体实时地叠加到同一个画面或空间且同时存在。

(三) VR技术的特点

VR技术具有以下几点特征:

1. 沉浸性

当佩戴头盔显示器、数据手套等交互传感设备时，使用者便可成为虚拟环境中的一部分，其在 VR 所创设的虚拟环境中看到、听到、闻到和触摸到的完全与真实环境中感受到的一样。

2. 交互性

在 VR 系统中，使用者可以通过数据手套、头盔、数据衣等各种传感设备与计算机进行近乎自然的人机交互，而计算机可以根据传感设备反馈信息适当调整系统，呈现新的虚拟环境并带给使用者及时的反馈，为进一步的人机交互做准备。

3. 想象性

使用者在运用 VR 技术的过程中，可以结合自身行为与各类相关信息，随意构想客观现实中不存在或者不可能发生的情境，包括想象、联想、构思、推理及逻辑判断等思维，以此来激活更多的知识与信息。

4. 仿真性

VR 是仿照真实或想象世界设计的三维虚拟环境，无论是其表现的对媒体信息的多感知性，还是沉浸性和自主性，VR 系统都是为了仿真“现实世界”或“想象世界”。

5. 感觉反馈

VR 技术之所以能够使使用者获得一种身体或精神的沉浸感受，主要是其能够针对使用者不同反应适时做出相应的反馈，让使用者获得视觉、听觉、触觉等多种感知，通过身体的多种体验获得犹如身处真实世界的感受。

（四）VR 技术课程设计和开发的特点

在 VR 技术课程教学设计过程中，教师要注意合理设计该课程内容的体系，除了要注重提高学生的基础理论知识学习水平，还必须强化锻炼学生的实践操作能力，促使学生熟练掌握并运用不同系统和技术。教师可以将 VR 课程内容科学地设计为两个部分，一方面在课程上向学生讲解传授有关 VR 技术的理论知识，另一方面组织学生开展 VR 技术实践应用活动，引导学生将所学知识和技能应用于实践操作项目中。针对不同课程的内容，教师要合理采用不同的教学方式。比如，在讲解传感器的原理知识时，教师要发挥出多媒体信息设备的作用，向学生呈现传感器的视频或者图片，确保学生能够直观清晰地了解相关知识内容，提高课堂教学效果。

VR 技术课程本身涉及的知识较多，教师在进行教学设计时要积极引导学生探索发现具有价值意义的课题，充分发挥出学生探索学习的主观能动性。当前，VR 课程的探索性课题主要分为六个部分，分别是几何建模、场景视觉感知、人机交互、真实感渲染、VR 应用开发以及多模态感知信息融合。教师要结合学生的实际学习情况和兴趣爱好，合理设计虚拟技术课程探索课题。例如，当教师在讲解 VR 应用开发内容时，可以将学生分为若干个学习小组展开讨论，激发学生的创新思维，最终明确基于 VR 的综合性训练项目，将学生的实际生活内容与 VR 技术课程课题融合在一起，提高学生的学习兴趣。

在 VR 技术课程实践教学中，教师除了要在课堂上创新运用项目教学法、合作教学法等方法，还必须组织、引导学生积极参与课外实践活动，培养学生的实践应用能力和创新意识。

（五）AR 技术课程设计和开发的特点

移动 AR 技术将虚拟世界和现实世界融合起来，通过智能手机和 App 能将传统教学过程中的书本知识和网络平台中的教学内容以多种媒体形式进行表达，让原本枯燥的学习内容变得可视化、形象化、直观化，将抽象、复杂、难以理解的内容直接以三维立体的形式呈现出来，帮助学习者加深对知识的理解和记忆，增强对知识内容的认知水平，并且能激发学习者强烈的好奇心、学习兴趣和学习动机，培养他们动手动脑的能力，提高在学习过程中的乐趣和注意力，从而增加对学习过程的参与度和体验感，进而提高学习质量和学习效率。

如今，AR 技术在教材上已有一定的应用。用户将电子终端设备上的摄像头对准图书、报纸期刊、卡片等印刷品上某一特定区域中的图案或标记，摄像头通过对二维平面印刷品上的特定图标进行识别和计算，在电子终端设备的显示器上生成虚拟的信息化对象，而此对象又叠加于现实环境中，从而达到虚拟和现实同时存在的景象。移动终端的增强现实技术大多利用智能手机来实现，通过手机摄像头对准书本中有 AR 标识的页面，能够让原来的二维平面文字内容和静态图像变得立体、生动，有些甚至包含动画和音频，并且手机可以随意移动到需要学习的内容上，这样学习者能够体验到与传统完全不同的学习方式。例如，学习计算机组装与维护课程，仅仅通过传统的教材和静态图片是难以形成对计算机的各个组成部件的直观印象，掌握组装和维护相关知识的。移动增强现实技术与图书的结合，使得计算机内部组件的结构图可以作为虚拟对象被生动、直观地呈现出来，并且与学习者周围的真实环境融为一体，通过移动终端屏幕可以观察计算机各个组成部件的三维立体效果，调整移动终端设备或者书本角度，可以从各个视角观察这些部件是如何组装的。

（六）VR 和 AR 对教育的影响

国际军事领域最早展开对虚拟现实的研究和应用，目前在国际上，VR 技术已广泛应用于军事和商业领域。随着计算机技术、传感器技术、图形生成技术、展示技术等新技术的不断发展，虚拟现实技术的应用也渐渐扩展到教育领域。目前 VR 技术已不再局限于工作站一级的计算机系统，在配置优良的 PC 机上也完全可以运行 VR 系统，这有利于 VR 技术在教育系统中的普及。目前已有一些 VR 创作软件包，如 Sense8 公司的 World Tool Kit，可用来进行虚拟物体造型、演示以及交互操作。随着计算机软件技术的提高，将会开发出更完善、更好用的 VR 创作软件工具包，供各门学科的非计算机专业人员开发应用。

虽然 VR 在教育培训方面的应用才开始不久，但已经显示出很大的潜力。目前国外已有许多 VR 技术用于教育系统。例如，美国佛罗里达中央大学已开发出用于公众教育的、低成本的网络虚拟环境 ExploreNet，学生们可在其中玩游戏，还可以通过提问来解决各种数学问题，每个学生都能看到结果。具体而言，虚拟现实在教育中至少可以起到如下几方面的作用：

1. 弥补远程教学条件的不足

在远程教学中，往往会因为实验设备、实验场地、教学经费等方面的原因，而使一些应该开设的教学实验无法进行。利用虚拟现实系统，学生足不出户便可以做各种各样的实验，获得与真实实验一样的体验感，有利于丰富感性认识，加深对教学内容的理解。

2. 避免真实实验或操作所带来的各种危险

以往对于危险的或对人体健康有危害的实验，一般采用播放电视录像或视频的方式来取代实验，学生无法直接参与实验，获得感性认识。如今，利用 VR 技术进行虚拟实验则可以免除这种顾虑。学生在虚拟实验环境中可以放心地去做各种原本危险的或危害人体的实验。例如，虚拟的化学实验，可以避免化学反应所产生的燃烧、爆炸所带来的危险；虚拟的外科手术，可避免由于学生的操作事物而造成“病人”死亡的医疗事故；虚拟的飞机驾驶教学系统，可避免学员因操作失误而造成飞机坠毁的严重事故。

3. 彻底打破时间，空间的限制

利用VR技术，可以使学生进入到大至宇宙天体，小至原子粒子的内部进行观察，甚至进行交互。这是电视录像等媒体所无法比拟的。VR还可以突破时间的限制，一些需要几十年甚至上百年才能观察的变化过程，通过VR技术，可以在很短的时间内呈现给学生观察。例如，生物中的孟德尔遗传定律，用果蝇做实验往往要几个月的时间，而利用VR技术在一堂课内就可以实现。

4. 可以虚拟人物形象

VR系统可以虚拟历史人物、伟人、名人、教师、学生、医生等各种人物形象，创设人性化的学习环境，使远程教育的气氛更加活跃、自然、亲切。例如，在虚拟的课堂学习中，学生可以与虚拟的教师、学生一起交流、讨论，共同探讨学习中的各种问题，进行协作化学习。在思想品德教学中，学生可以与虚拟的先进人物一起座谈、交流，通过先进人物的言行来感化学生，从而达到思想品德教育的目的。在外语教学中，可以通过虚拟学生到国外旅游的情景，让学生与人交谈，达到训练学生口语的目的。VR技术能够为学生提供生动、逼真的学习环境，让学生成为虚拟环境的参与者，在其中扮演某个角色，这对调动学生的学习积极性，突破教学的重点与难点，培养学生的技能都将起到积极的作用。

5. 构建虚拟环境并进行观察及必要的交互

许多研究工作都已经证实，要想使学生获得最好的学习效果，必须采用丰富多样的教学方法，同时，教学方法要因人而异。正因如此，VR/AR技术已被越来越多地用作教学工具，以便为学生提供更为广泛的学习体验。一方面，可以利用VR系统呈现实际生活中无法观察到的自然现象或事物的变化过程，为学生提供生动、逼真的感性学习材料，帮助学生解决学习中的知识难点。例如，在学习地理知识时，通过VR系统，将学生带到北极去领略那里的自然风光；在学习物理知识时，通过VR系统，向学生展示如原子核裂变、半导体导电机等复杂的物理现象，供学生学习。另一方面，VR 还可以使抽象的理论直观化、形象化，方便学生对抽象概念的理解。例如，学习加速度概念时，通过虚拟演示，让学生观察当改变物体的重力大小及方向时，加速度的变化情况，使学生加深对加速度概念的理解；还可以通过将人体的五脏六腑制成虚拟世界里的三维模型，从而便于学生掌握人体内部的组织结构。

6. 对假设模型进行虚拟

VR 技术可以对学生学习过程中所提出的各种假设模型进行虚拟，通过虚拟系统不仅可以方便地构建学生提出的假设模式，而且能直观地观察这一假设所产生的结果或效果。例如，在虚拟的化学系统中，学生可以按照自己的假设，将不同的分子组合在一起，电脑便虚拟出组合的物质来。通过这种探索式的学习方式，学生很有可能研究出新的物质。利用虚拟技术，学生还可以进行温室效应、电路设计、建筑设计等方面的探索学习。利用虚拟现实技术进行探索学习，有利于激发学生的创造性思维，培养学生的创新能力。

7. 突出的沉浸性与交互性

VR 的沉浸性和交互性使学生能够在虚拟的学习环境中扮演某个角色，全身心投入学习中，有利于学生的技能训练，如军事作战技能、外科手术技能、教学技能、体育技能、汽车驾驶技能、果树栽培技能、电器维修技能等各种职业技能的训练。由于这些虚拟的训练系统不会产生任何危险，学生可以不厌其烦地反复练习，直至掌握操作技能为止。例如，在虚拟的飞机驾驶训练系统中，学员可以反复操作控制设备，学习在各种天气情况下驾驶飞机起飞、降落的操作方法，通过反复训练，达到熟练掌握驾驶技术的目的。

二、VR/AR 课程设计与开发原则

虚拟现实（VR）和增强现实（AR）设计课程开发是一个纷繁复杂的过程，需要按部就班、分步实施，综合分析 VR、AR 引擎开发与 VR、AR 拍摄制作的工作流程、工作岗位以及岗位能力需要，结合 VR、AR 开发工作流程的典型特征，根据工作环节了解其工作岗位的设置情况以及各个工作岗位能力和文化素质要求，明确 VR、AR 项目开发工作的典型工作任务、岗位技能和综合素质要求，在此基础上，将企业 VR、AR 项目开发的过程引入课程，以典型工作

任务为中心组织课程内容，构建教学项目、实施任务驱动；还可通过与企业合作，让学生在具体的项目开发任务和实践性操作中完成教学任务，实现自主学习。

VR 和 AR 作为时下教育领域中较热门的两大技术手段，都强调学习过程中的参与性，提倡让学生亲身体验，主动思考，积极学习，避免填鸭式被动教学，以全真模拟展示和交互，增强教学的实践性和真实感，丰富师生对 3D 立体展示和实践性的需求。二者不仅有助于教师高效传授教学内容，还可以利用自身核心特点，发展出内容和技术高度融合的“新内容”。但二者在本质上也存在很大的差别，首先，运用的技术不同。VR 运用的技术包括仿真技术、计算机图形学人机接口技术、多媒体技术、传感技术、网络技术等。而 AR 运用的技术包括多媒体、三维建模、实时视频显示及控制、多传感器融合、实时跟踪及注册、场景融合等。其次，功能不同。VR 能提供多种感知，如视觉、听觉、触觉，使用者能够完完全全沉浸在虚拟世界中，真正实现人机交换。而 AR 技术必须通过与现实相结合，它不能进行人机交换，智能性比较低，而且建立在现实的基础上，无法脱离现实。因此 VR 和 AR 在课程设计原则上有共同之处，但也存在一些差别。

（一）VR 课程设计与开发原则

1. 目标性原则

教学过程必须具有明确的目标，特别是在课程开发中运用虚拟现实技术时应该考虑教学目标的要求。虚拟现实技术在培养学生的实践操作能力方面较有效，但对于基础知识的学习而言则效果平平。因此，在课程开发中应基于教学目标对虚拟现实技术进行合理运用。

2. 教育性原则

课程开发是教学过程中重要的环节，是辅助教师教授教学内容和学习学习教学知识的重要手段。AR 课程设计与开发的过程不仅要秉承教学理念，制作具有教育意义的软件工具，而且要遵循教育学的原则，重视教师的教学需求、学生的学习需求以及教学环境实施情境，注重对教学内容或知识进行多样化的呈现。

3. 科学性原则

在课程开发过程中运用虚拟现实技术，必须了解学生的认知特点及其感知范围、感知过程、学习迁移能力等因素，在构建课程体系的过程中，需要将课程内容、虚拟现实技术结合学生的认识特点进行科学的组合。同时，知识结构应尽可能清晰完整，注意循序渐进，知识点的引入要与学生的学习特点相契合。

4. 安全性原则

在进行 VR 演示的过程中，身临其境的体验会让人随着虚拟的场景移动或做动作，在有人或者物体的环境里大幅度的移动有可能造成危险。应注意让学习者安全地操作，避免出现大范围或者突然移动的环节。加强安全措施的另一个方法是缩短 VR 的模拟时间，由于大多数 VR 的模拟的刺激性是较强烈的，因此在课程设计时要控制时间，避免学习者在使用 VR 中出现眩晕等情况，也可避免出现更多不安全因素。

5. 交互性原则

交互性和及时反馈是虚拟现实技术的显著特征，也是虚拟现实课程的趣味性的来源。基于虚拟现实的课程需设计出丰富多彩、简单可控的人机交互。人机交互对实施教学具有重要意义，利用虚拟现实技术的交互性可以创设欢快的游戏学习氛围，综合运用卡通形象、游戏任务等形式，调动学生的兴趣和注意力，并且能在第一时间对学生的动作行为进行反馈，使学生充分体验到学习的乐趣，产生强烈的学习欲望，形成正向的学习动机。

（二）AR 课程设计与开发原则

1. 科学性原则

这是 AR 课程开发最基础的原则，其开发的教学资源应该科学地表达教学知识，方便学生的观察和对比，但不能过于夸张，不能因交互而模糊程序操作设置的目的或混淆知识的本意。AR 技术的植入与学生的认知特点应进行科学的组合，知识点的引入要与学生的学习特点相符。此外，在增强现实虚拟内容颜色的选取上，需让整体的配色符合真实世界的认知，即设计要在符合真实感知的情况下进行。

2. 启发性原则

启发性原则主要是面向学生而言，教师教学的最终目的是学生获得知识的传授并应用于实际生活中。设计的资源是辅助学生协作学习和自学学习的工具，也是教师引导学习思考问题的重要教具，因此，在开发课程时应注意具有启发意义的引导环节或材料的运用，能在一定程度上激发学生的学习兴趣，调动学生学习的积极性，自觉主动地学习和解决问题。

3. 技术性原则

AR 资源开发出来后应该是稳定可靠的，其运行和使用应该不因设备不同出现不兼容问题，因此，在进行开发时，尤其是对需要在移动设备支持下使用的 AR 教学资源，应该充分考虑设备的型号和接口，为教师和学生提供灵活且有效的教学资源。

4. 最小化原则

最小化原则针对教学资源呈现的教学内容，如图像、视频等，一方面要保证有效信息设计和呈现的完整条件，另一方面考虑其艺术性表达效果，对可能分散学生注意力的素材进行删减。

5. 交互性原则

在设计 AR 课程时需要考虑现实环境里的光照、阴影等对虚拟物体的影响，同时必须要考虑用户与虚拟物体的互动反馈机制，如听觉、视觉、触觉等感觉的反馈。目前触觉反馈在 AR 技术中还是缺乏的，因此，完善课程动画等资源的视觉效果、音效的听觉效果，提高用户的体验感受是很重要的。

6. 真实性原则

设计 AR 课程时要将视、音频以及虚拟部分场景与真实场景设置完美结合，还原真实的生活情境，让学生获得真实体验。在真实的场景中进行训练，有助于调动学生的积极性。根据学生的心理特征和现有水平，设计贴近生活的情境，不仅便于学生理解和记忆学习内容，还可以促进知识的迁移。

第四节 微课设计与开发

一、微课设计与开发的特点与要求

（一）微课的定义

微课是指运用信息技术，按照认知规律来呈现碎片化学习内容、过程及扩展素材的结构化数字资源。“微课”的核心组成内容是课堂教学视频，同时还包含与该教学主题相关的教学设计、素材课件、教学反思、练习测试及学生反馈、教师点评等辅助性教学资源，它们以一定的组织关系和呈现方式，共同营造了一个半结构化、主题式的资源单元应用“小环境”。

（二）微课开发与设计的特点

“微课”既有别于传统、单一资源类型的教学案例、教学课件、教学设计、教学反思等教学资源，又是在其基础上继承和发展起来的一种新型的教学资源。

微课设计具有以下 8 个主要特点：

1. 教学时间较短

教学视频是微课的核心组成内容。根据中小学生的认知特点和规律，“微课”的时长一般为 5 分钟到 8 分钟，最长不宜超过 10 分钟；本科与高职的微课一般在 15 分钟左右，最长不宜超过 20 分钟。因此，相对于传统的 40 分钟或 45 分钟的一节课的教学课例来说，“微课”可以称为“课例片段”或“微课例”。

2. 教学内容含量较少

相对于较宽泛的传统课堂，“微课”的问题聚集，主题突出，更适合教师的需要，它主要是为了突出课堂教学中某个学科知识点（如教学中重点、难点、疑点、考点内容）的教学，或者反映课堂中某个教学环节、教学主题的教育学活动，相对于传统一节课要完成的复杂众多的教学内容，“微课”的内容更加精简，因此，它又可以称为“微课堂”。

3. 资源容量较少

从容量上来说，“微课”视频及配套辅助资源的总容量一般在几十兆字节，视频格式须是支持网络在线播放的流媒体格式（如 rm、wmv、flv 等），师生可流畅地在线观摩课例，查看教案、课件等辅助资源；这样不仅便于学生将资源下载保存到终端设备（如便携式计算机、平板电脑等）上，实现移动学习、泛在学习，也便于教师的观摩、评课、反思和研究。

4. 资源构成“情景化”，资源使用方便

“微课”选取的教学内容一般要求主题突出，指向明确，相对完整。它以教学视频片段为主线“统整”教学设计（包括教案或学案），课堂教学时使用的多媒体素材和课件、教师课后的教学反思、学生的反馈意见及学科专家的文字点评等相关教学资源，构成了一个主题鲜明、类型多样、结构紧凑的“主题单元资源包”，营造了一个真实的“微教学资源环境”，使得“微课”资源具有视频教学案例的特征。广大教师和学生在这种真实的、具体的、典型案例化的教与学情景中可易于实现隐性知识、默会知识等高阶思维能力的学习，以及教学观念、技能、风格的模仿，迁移和提升，从而迅速提升教师的课堂教学水平，促进教师的专业成长，提高学生的学业水平。就学校教育而言，微课不仅成为教师和学生的重要教育资源，而且也构成了学校教育教学模式改革的基础。

5. 主题突出，内容具体

一节微课就一个主题，或者说一节微课解决一个问题；其内容来源于教育教学具体实践中的具体问题，或生活思考，或教学反思，或难点突破，或重点强调，或学习策略、教学方法、教育教学观点等。

6. 草根研究，趣味创作

微课课程内容的微小，所以人人都可以成为课程的研发者。微课课程的使用对象是教师和学生，其研发的目的是将教学内容、教学目标、教学手段紧密地联系起来，而不是去验证理论、推演理论，由此决定了研发内容一定是教师自己熟悉的、感兴趣的、有能力解决的问题。

7. 成果简化，多样传播

一方面，微课内容具体，主题突出，其研究内容简洁明了，研究成果容易转化；另一方面，微课的课程容量小，用时较短，但其传播形式呈多样化态势（如网上视频、手机传播、微博讨论）。

8. 反馈及时，针对性强

参与者能及时听到他人对自己教学行为的评价，获得反馈信息。较之常态的听课、评课活动，微课具有即时性。人人参与，互相学习，互相帮助，共同提高，在一定程度上减轻了教师的心理压力，不会担心教学的“失败”，不会顾虑评价“得罪人”，评课就会更加客观。

（三）微课开发与设计的要求

微课只讲授一两个知识点，没有复杂的课程体系，也没有众多的教学目标和教学对象，看似不具有系统性和全面性，许多人称之为“碎片化”课程。但是微课是针对特定的目标人群，传递特定的知识内容的，一节微课自身仍然需要系统性，一组微课所表达的知识仍然需要全面性。因此，微课的设计需要遵循以下要求：

1. 微课要符合数字化学习资源的特点

数字化学习资源是随着计算机网络发展起来的一种新的学习资源，如精品课程、移动课程、即时生成资源等，后期出现的微课也是其中的一种。数字化学习资源的主要特点是知识的非线性、知识连接的超文本或超媒体、知识发展的动态性、师生的互动性、数据的海量性以及知识传播易重组与易复制等。微课作为数字化学习资源的一种重要形式，应当具备相关特点。它讲究知识的有机组织、表现形式的多样化、知识构成的泛在性与可选择性、知识学习的准确定位与个性导航，同时还需要关注时间的碎片化所引发知识学习过程的片段性、知识的可视化以及多终端、跨平台等技术。

2. 微课的设计要点是课程模块化、模块独立性、内容微型化

微课的设计，需要遵循以下三个要点，即课程模块化、模块独立性、内容微型化。课程模块化是指将课程按照教学理念进行分割，形成教学模块，各模块之间要有衔接性和关联性。模块独立性是指要做成微课形式的单个教学模块在结构上是独立的，同时符合课程应当具备的目标、过程、方法及评价等内容。内容微型化是指微课所传授的知识是内容的碎片化处理后的结果，应成为微型的知识点。

基于上述两点，微课的设计要求可具体归纳为以下内容：①主持人讲授性。主持人可以出镜，也可以话外音讲授，②流媒体播放性。以视频、动画等可基于网络流媒体播放的格式，③教学时间较短。5 到 10 分钟为宜，最短的 1 到 2 分钟，最长不宜超过 20 分钟，④教学内容较少。突出某个学科知识点或技能点，⑤资源容量较小。适于基于移动设备的移动学习，⑥精致教学设计。完全的、精心的信息化教学设计，⑦经典示范案例。真实的、具体的、典型案例化的教与学情景，⑧自主学习为主。供学习者自主学习的课程，是一对一的学习，⑨制作简便实用。多种途径和设备制作，以实用为宗旨，⑩配套相关材料。微课需要配套相关的练习、资源及评价方法。

3. 微课设计过程

微课的设计过程包括知识的萃取、教学设计、媒体设计三个阶段。知识的萃取主要是梳理课程相关的难点、重点、关键点。一门课程的全部内容很难以微课的形式表现出来，这主要是由微课的特点决定的。微课的授课时间要控制在学生可以接受的时间段，根据心理学特点，十分钟是理解力充分发挥作用的最佳时间，短短的十分钟所能讲清楚的只是一个知识点。整门课程可能涵盖上百个知识点，而且由于课程的系统性，前后的知识点都有连贯性，因此，将一门课程全部做成微课，那么知识的连贯性需要更为强大的知识地图来保证，将耗费大量的开发成本。不是所有的难点、重点、关键点都能做成微课，微课是要用媒体工具来表现课程内容，因此，首先要保证知识的可视化与图形化。例如，表述性的原理就很难做成微课，而描述餐饮文化的内容，就非常适合微课的教学形式。

教学设计是微课设计的第二阶段内容。教学设计需要确定教学目标及授课方式。微课虽然是短小的视频教学，但也是一种独立课程的形式。微课的教学目标是确立学生通过本课程的短时学习所应当掌握与理解的内容。微课的目标不能像课程目标那样过于庞大，应当根据一个知识点的要求来设定，要明确、精准且容易实现。微课目标的设定同样可以参照布鲁姆的认知领域/情感领域目标或辛普森的动作技能目标。微课的授课方式很多，比较经典的是国家开发大学微课培训中心所倡导的“1+1+1”模式，即一个引入教学情境的案例、一个分析案例理解概念的过程、一个实现知识迁移的总结或操作。

微课设计的第三阶段内容就是媒体的设计，主要是文本、图片、音频、视频、动画的选择与制作，即根据具体的课程内容与需要，选择合适的形式，采用多种技术的有机结合，表现课程的全部内容。这一阶段也是课程从抽象到具体的阶段，体现的是教师对信息技术的应用能力。具体的开发手段可以是录屏、实拍视频、二维或三维图像、HTML 页面等。

(四) 优秀微课具有的特征

1. 以更简捷创新的教学步调呈现完整的知识点

教学视频相对于传统的课堂教学可以支持更快的教学步调，因为教师无需过多考虑学生的理解能力与接受能力，学生使用视频时可以回看，可以慢放，可以重复看。教师可以按照知识点的展开情况安排教学步调，贵在完整地展示知识点，不需要反复强调。

有经验的教师在面授的时候可能会根据学生的表情、学生对提问的反馈来有意识地放慢或加快自己的教学步调，在微课制作中不存在这个问题，教师虽然可以按照自己的正常速度完整地呈现知识点，但是有经验的教师也会根据以往的教学经验，在学生可能出现问题的地方利用语速语调的变化来起到强调的作用。

2. 宜短不宜长

微课视频一般保持在6~15分钟为宜，尽量不要超过20分钟。如果能够完整地交代清楚一个细分知识点，即使是只有2~3分钟也是可以的。如果视频太长，一方面会降低学习的便捷性；另一方面，学生的注意力也是有限的，尤其是学习者面对计算机时，缺乏与教师面对面的交流，没有被教师注意到的机会，会面临更多干扰因素。在这样的情况下，内容完整且简短的视频更有效，给学习者的学习提供了更多弹性和可操纵性，让学习者更容易安排好学习进程，也降低了他们进入学习状态的门槛。

3. 让学习者有“教师对我说”的感觉

曾经有一种观点，认为要将微课作为一种很重要的、可以替代老师面授的教学资源。但实际上很多的远程教育课程与面授课程相比，更难将学习者吸引住，难以让学生围绕教师设计的学习进程来学习。

教师自制的微课视频应能够很方便地做到针对学习对象的定制，更好地传达些情感方面的信息，让学习者更愿意围绕课程开展学习。例如，针对翻转课堂的应用模式，教师可以结合自己的面授，谈到这节微课是为了下星期某次课堂讨论活动做知识铺垫，或者简单回顾学生在其他配套教学活动中的表现等。在微课制作中，最好不要重复使用以前老旧的视频公开课，如果微课视频中教师开展的交流沟通仅仅是针对现场学生的，那对于远程学习者来说，观看这样的视频将很难有代入感。

简言之，微课要以学生发展为本，学生是学习主体，教师是主导，这是微课在设计时值得注意的地方。

二、微课设计与开发原则

（一）微课开发与设计的原则

在进行微课程设计时，要把学习目标与学习内容紧密联系在一起，学习目标要单一、明确、具体，能使学习者产生更聚焦的学习体验。与传统课程和网络课程的不同，微课在设计过程中应该遵循以下几个原则。

1. 微原则

“微”是指微课程区别于其他课程的最显著的特征，在微课程设计过程中，要充分体现出“微”原则。“微”具体表现在课程内容的萃取方面，在进行课程内容选择之前，应尽可能将课程内容细化，分割程一个个小的学习对象，最好一个学习对象只承载一个知识点。所选取的课程内容要短小精练，讲解时间尽量控制在 15 分钟之内。虽然课堂中每个学习对象之间都是相对独立的，但单独的学习对象又是一个相对完整的知识模块。知识点之间也要相互连接起来，才能为学习者的学习提供全方位的服务，类似于一个系列中包含着很多方面的知识。

2. 以学习者为中心原则

微课程是为学习者服务的，往往以学习者的最终学习体验为衡量课程效果的评定标准。在课程设计过程中，课程内容的选择以及学习活动和各项资源的组织都要围绕学习者这个中心进行——在课程内容选择方面，应先了解学习者的学习需求，明确他们要的是什么；在学习活动和学习资源的组织方面要充分体现学习者的主体地位，调动学习者的学习主动性，激发学习者的学习兴趣。

3. 实用性原则

微课程是为广大的学习者提供帮助的。在课程设计之前，一定要充分了解学习者真正需要的是什么，以及在他们学习本课程之后，是否能够帮助他们顺利解决在日常生活中碰到的现实问题。课程内容的选择要来自真实的生活情景或存在的现实问题，让学习者意识到这门课程是与大家的生活息息相关的——以真实情景引发要讨论的问题，不仅能够激发学习者的学习兴趣，还能保持学习者的学习动机。

4. 交互性原则

根据记忆法则，人们对图形的记忆能力远远大于对文字的记忆，因此在课程设计过程中，不能一味地用文字呈现加上语言讲解，那样只会让学习更枯燥。有研究表明，学生在学习的过程中，如果课程内容以词语和画面组成的呈现，要比只有词语呈现时，学习者的学习效果要好。建构主义理论强调“情景”对新知识的构建起到关键的作用，可以促进有意义的学习的产生。通过与学习者的互动，让学习者从知识的接受者变成学习过程中的主体，从接受式学习改变为发现式学习、探究式学习，让学习者主动参与学习过程，可极大地激发学习者的学习兴趣和学习主动性。因此，在设计微课程的过程中，可以根据学习需要，适当地选择与课程内容相符的图片、动画等元素，以此增加课程的生动性，但是一切元素的选择都要以学习内容的呈现效果更好为目的，绝不能滥用。

（二）微课开发要点

微课最后是以视频的形式展现的，通常需要注意以下几个方面的要点。

1. 声音清晰

从微课的主要元素（即教师与教学内容）来看，优秀的微课在“教师声音的清晰度与感染力”“教师体态语言的丰富性、恰当性”“教学内容的清晰完整性”“整体教学效果”等方面都做得较好。其中，教师的声音是否清晰且具有感染力，不仅与教师本身有关，也与录制的环境有关。背景声音效果较为嘈杂，如汽车，鸣笛声，教师讲授时的回音，会影响教学内容的传播质量。

2. 画面清晰

在教学内容的呈现方面，优秀的微课能够清晰地呈现教师所讲的教学内容，如 PPT、动画、视频、教师的操作演示等。整体教学效果则是在前几个要素的基础上体现出来的。此外，混合录制的方式比摄像机录制的整体效果要好，全部添加字幕比添加部分字幕或没有字幕的整体效果要好，字幕能保证学习者能在嘈杂的环境（公交车，地铁）里也能浏览视频，同时能对微课中不容易讲解清楚的内容起到补充说明作用。

3. 片头设计简洁

从视频的设计与录制的角度来讲，优秀的微课在“片头设计”“背景声音的纯净度”“镜头组接的逻辑性”等方面都做得较好。其中，片头具有“第一印象”的作用，优秀微课的片头大多较为简洁美观。

4. 镜头组接的逻辑性好

镜头组接的逻辑性也是整个微课教学内容是否具有连贯性或逻辑性的重要影响因素。比如，根据教师的教学流程，画面中应该出现的是教学内容，那么当前画面就应该展示相应的教学内容，而非停留在教师讲授的画面。

5. 混合式录制

常见微课的主要制作形式有拍摄式微课、录屏式微课、软件合成式微课，而混合式微课就是应用上述提及的多种方式制作、编辑、合成的教学视频。综合来看，混合式录制的微课集其他微课录制方法的优点于一体，视频质量相对较高。

（三）微课设计中需避免的问题

1. 命题不得当

微课选题是微课开发的第一步，是从整体上考虑微课“做什么”“为什么做”的问题。“做什么”就是要通过对教学内容和学习对象的分析，确定微课教学内容的侧重点；“为什么做”就是要考虑微课的应用模式，在此基础上确定微课的题目。在微课命名方面，微课最好不要以课程名来命名，容易导致标题与内容的偏离，造成题大而内容少的情况。在内容选取上，不能在 15~20 分钟内谈及多个知识点，并且教学方法单调，平铺直叙，很难将众多的知识展示清楚，也很难让学习者保持学习兴趣与注意力。另外，针对一些概念与理论性的陈述也不建议制作微课。这些概念本身并不能引起学生的认知冲突，也没有对概念之间的关系进行辨析，这样的教学内容与其做成微课，倒不如让学生看书、查文献可能收获得更多。微课选题不仅要“小而精”，还要“微而全”。这里的“全”并不是指教师需要在单一的微课里把知识点的来龙去脉说得一清二楚，而是指微课的内容也要自成体系，教学过程完整，逻辑性强，符合学习认知的规律，教学步骤不宜跳跃，以免使学习者产生思维脱节，影响对知识点的完整理解，也就是所谓的“麻雀虽小，五脏俱全”。

2. 表现形式单一

美国著名的试听教育家戴尔提出了“经验之塔”理论。戴尔强调学习经验从直接经验向抽象经验过渡，其中包括从观察的经验向抽象的经验过渡。在学习教师所做的微课时，有部分理论性教学内容的表现形式主要采用了文字配以教师的讲解，而非用一些相关的图片、视频、音频、动画或者对操作的演示来辅助教学。这些内容本身是较为枯燥的，如果能用多样化的媒体形式来展现不仅能加深学习者对内容的理解，而且有利于提升学生观看视频的兴趣与教学效果。教学内容表现形式是否恰当，也是微课成败的一个重要影响因素。尤其是在微课中如何使用多媒体元素是十分重要的。

3. 教学逻辑含糊

除了要丰富教学内容的表现形式以外，教学内容的逻辑性也非常重要。微课在教学内容的组织与表达方面逻性差，导致学习者在学习完后不知其教学的主线是什么，主要想讲授、解决的重点是什么、媒体素材的组织与教学内容之间的关系是什么。例如，在讲解过程中，对于主要的内容没有在视频中清晰地呈现；讲到另一个知识点时，没有以明确的语言说明其与前一知识点的关系以及本知识点的主题，并用相应的语调加以强调；在利用媒体素材来引入、补充说明教学内容或案例分析时，没有加入过渡性的话语，或对视频的简单介绍，或解释在观看视频时的学习活动安排。最终给观者的感觉就是视频素材的简单罗列。因此，教师在利用多媒体素材时，要先对素材进行一个简单引入、说明，并对学生的学习活动进行指导；或者在一个视频演示完毕后配以教师的讲解。在整个教学过程中，也要注意通过讲授的语音语调、重点内容的标注、添加字幕等方式来突出所讲的重点与主线。

4. 定位错误

微课作品不是面授，一般不需要有学生集体站起来向老师问好；还有的教师错将微课当作“说课”，展示并解说整堂课的教学阶段。微课虽然时间较短，但是必要的教学环节还是不可或缺的。其中，引入环节就非常重要，它关系到能否吸引学习者进行学习与思考。一节微课的引入方式有很多种，通常采用动画引入、开门见山、游戏引入等。

5. 教学平铺直叙

教学策略是否运用恰当决定了微课的整体教学效果。实践证明，有效的教学策略能提升学生的学习兴趣。教学过程平铺直叙，课堂学习氛围沉闷，缺少案例，没有起伏与高潮，将难以吸引学生。

6. 教学表达欠佳

教学表达是教师利用口语和肢体语言将教学内容传达给学生的过程。教学表达内容是否准确，方式是否恰当，形式是否具有艺术性，将直接影响教学内容的传播。

从以往的经验来看，某些教师在教学表达方式方面主要存在以下问题。

（1）口语表达。①表达的规范性。虽然大部分教师能意识到用普通话讲解，可是普通话的标准程度还有待提升。建议教师在录制微课时，应使用比较标准的普通话，除非是作为剖析的案例，方言词汇并不适宜出现在微课中（当然用于校本或区域的微课除外）。此外，使用专业术语时力求简单明了，通俗易懂，尽量少使用古板、枯燥的书面语。②语调的适切性。口语表达的语调是否合适也很关键。鉴于微课教学内容中的理论话题较多，教师的讲语调很容易偏向平淡，在重难点处也没有跌宕起伏。通过观察发现，教师讲课的语调很容易影响学习者。例如，部分男教师的讲授从头至尾铿锵有力，激情饱满，甚至有爆音的现象，让观看者感觉到有压迫感、紧张感；有的女教师讲课的声音非常柔和，像是对待幼儿园的小朋友一样，这对学生来说则显得并不合适；还有的教师在讲课时，语调过于丰富，像诗歌朗诵一般。③表达的节奏性。语调不能一直很平，要有停顿，让学习者能分清讲授内容的主线与层次。④形式的丰富性。在口语表达的形式中，不少教师以讲授为主，对于重复、提问、补充、悬念等技巧运用得不够多。

总而言之，教师在口语表达时，要清晰有力，发音标准；语调要根据教学环节和内容的不同有起伏变化；表达有节奏感，音量与语速适度，以确保观看者有足够的时间对教学内容进行理解和消化；表达形式多样；表达内容通俗易懂。如果有可能，教师的语音还应做到逻辑性强与感染力并举，不拘谨，不做作；仪态大方，不夸张，不拖泥带水，用生动幽默的语言和精心安排的教学内容来吸引学生，把自己的人格魅力与说话艺术充分展现出来。

（2）肢体语言表达。肢体语言的表达包括面部表情、眼神、肢体动作等。部分教师由于没有录制课程的经历，镜头感较差，具体表现为：在教学时，很少看镜头，在镜头面前较为拘束，如从开始到结束都以同一个姿态站在讲台后面；在讲授时，面部表情不自然，缺乏亲和力。也有的教师面对镜头时，依旧非常随意，如一只手插在裤兜里，另一只手操作计算机，身体侧弯，或者在讲台上看着地面边踱步边讲解。这样会给学习者造成教师对教学不严谨、整体节奏慢的印象。建议教师在讲解时，注意看镜头，同时不要过于拘束，面部表情要有亲和力。

总之，教学表达的效果直接影响微课的教学氛围。有的微课课堂死气沉沉，有的则非常散漫，有的整体像在表演一样。究其原因，与教师在讲授时肢体语言与口语表达有一定关系。

第七章　信息化教学资源的开发流程与方法

第一节　多媒体课件的开发流程与方法

一、多媒体课件的开发分析

设计多媒体课件目的是为了发挥多媒体计算机在信息存储、处理、呈现、人机交互方面的显著优势，以实现最优化教学效果。因此，在进行多媒体课件开发时，须对整个课件开发项目进行科学系统分析，以保证开发工作的有效性。

一是需求分析。对多媒体课件进行需求分析，其实质即分析该课件是否符合学生的学习需求，即分析课件开发是否具有必要性。设计前，教师可自问："为何开发这个课件?""不使用这个课件对教学有何影响?"否则有可能造成人力、物力和财力浪费。

二是内容分析。内容分析即对教学目标、相关规定，以及如何将学习者实际水平转化为期望水平所需要各项知识内容的详细剖析。

内容分析包含两方面含义：一方面是"教什么"，另一方面是"怎么教"。"教什么"主要是确定教学范围和深度。"怎么教"是确定如何把教学知识内容传递给学生，教学中应该采用何种策略。内容是大纲规定的具体教学目标的体现，分析学习内容的目的是判断学习内容适合于使用何种教学方法来表现。教师应根据具体内容，并结合各种教学媒体的特征，来确定具体教学方法。

三是资源分析。资源即开发多媒体课件所涉及的物质条件。资源条件涉及范围广，如经费、设备、人员、时间、组织机构等方面。对资源进行分析，实质上是考虑资源开发的条件是否具备，可分为人力、物力和财力三个方面。资源分析的目的是为确定开发课件的客观可能性如何。

根据以上分析，多媒体课件开发流程及其整个分析阶段如图 7-1、图 7-2 所示。

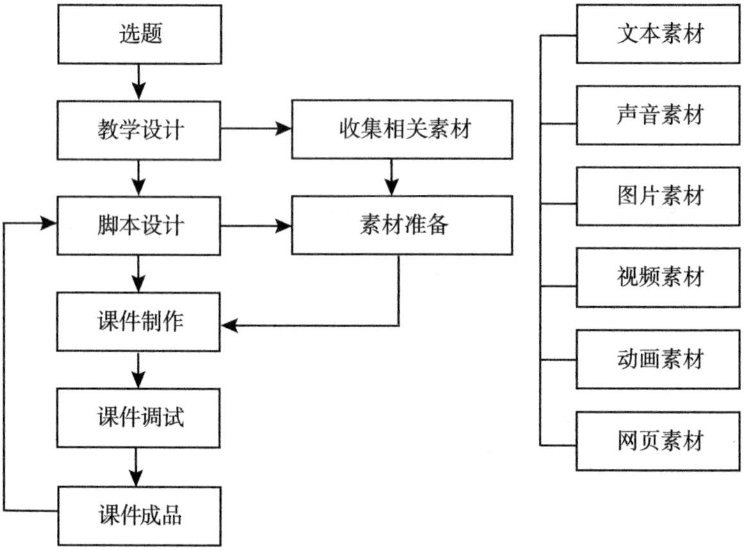

图 7-1 多媒体课件的开发流程图

二、运用多媒体课件时的教学设计

（一）教学设计

对于一定的教学目标，在确定其有必要学习，而且适合并可能运用多媒体课件进行表现后，即可开始针对此教学目标进行教学设计。教学设计过程是根据学科内容特点，对学生特征进行分析、确定教学目标，并为达到相应教学结果而制定教学策略的过程，主要包括以下基本工作：分析学生特征、确定教学目标、制

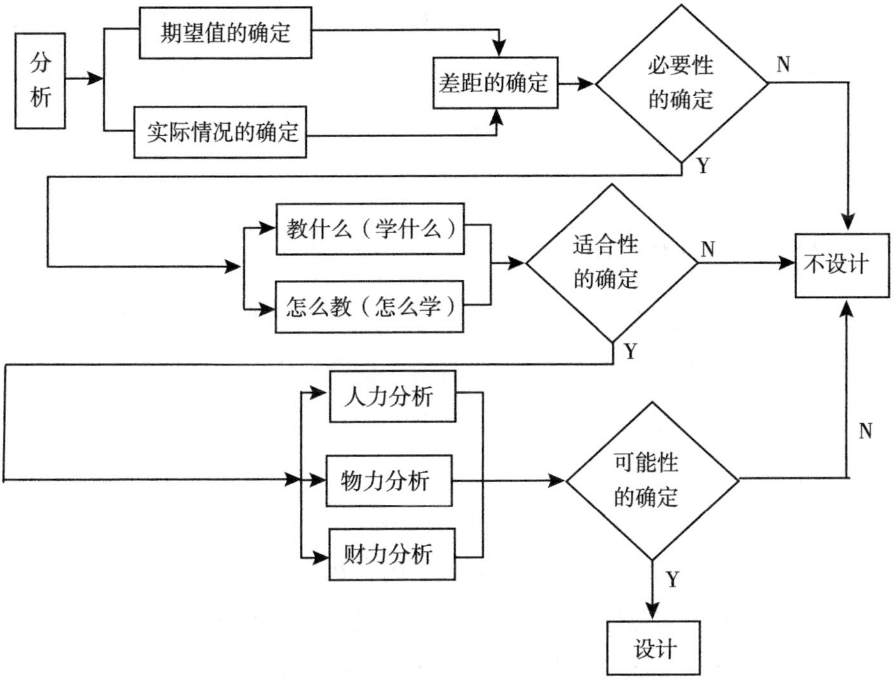

图 7-2　课件开发工作流程图

定教学策略（选择教学媒体、设计教学过程结构）、进行学习评价等。

教学设计是开展教学活动的前提和基础，为教学实施提供可靠“蓝图”：①通过教学设计，教师能清楚地知道学生将要学习的内容、学生将产生的学习行为，并以此制定教学目标；②通过教学设计，教师可依据教学目标和学生特征，采用有效教学模式，选择适当教学媒体和方法，实施既定教学方案，保证教学活动正常进行；③通过教学设计，教师可准确掌握学生的学习初始状态和学习后状态，有效控制教学过程。

多媒体课件教学设计，即应用系统、科学的观点和方法，按照教学目标和教学对象的特点，合理选择和设计教学媒体信息，并在系统中有机组合，形成优化教学系统结构。教学设计是制作高质量课件的前提和基础。在课件开发实践中，常会看到以下现象：某些课件适用教学目的和范围不明确，如辅助教师教学的课件完全配置解说录音，布满与课本同样的文字，缺乏教师发挥的空间；辅助学生学习的课件按教师的授课习惯进行固定化编排，限制了学生的学习主动性的发挥。某些课件中的知识点不明确，重点、难点不突出，为制作而制作；某些课件单纯为展示技巧，缺乏考虑学习者的认识规律和能力，以及教师使用方便与否。此类现象，究其根源，是由于缺乏教学设计。因此，在整个多媒体课件开发过程中，教学设计拥有举足轻重的地位。

（二）多媒体教学设计流程

一个多媒体课件能否取得成功，取决于计划是否完善、是否选择适合教师使用的开发软件平台等。在制作多媒体课件时一般会选用制作较简单且熟悉的软件进行开发。制作开发过程一般可分为以下几个阶段：

1. 第一阶段：准备阶段

这主要是设计者动脑思考阶段。在制作多媒体课件前不仅需考虑多媒体课件的整体目标，还需考虑以下几个问题：教学内容在多媒体课件中应如何体现？教学重难点如何突破？多媒体课件为谁而设计，最终目标用户是谁？哪些内容必须在多媒体课件中演示？哪一种交互方式让用户使用起来更加方便？

2. 第二阶段：多媒体课件设计阶段

这实际是动手准备阶段，具体包括以下几个步骤：①尽最大努力地收集信息；②将多媒体课件中所能用到的图形、图像、声音和文本等素材组织准备好；③分类整理已经掌握的素材。在整理过程中，把同一类素材放到同一个文件夹内，同时要确保放素材的文件夹名字、素材文件名及扩展名要准确无误并容易理解；④编写多媒体课件的设计方案，即脚本。

3. 第三阶段：多媒体课件制作阶段

此阶段的工作主要包括设计交互界面、制作图形、录制声音、制作动画视频，并将这些素材根据已编写好的脚本通过制作平台组织起来。

4. 第四阶段：多媒体课件的测试与发布阶段

此阶段在整个制作过程中占有非常重要的地位，不能忽视，主要包括以下几个方面：①通过反复运行多媒体课件，查找其中是否存在错误或不良效果。②在不同环境下运行多媒体课件，检查多媒体课件对硬件环境有哪些要求。③检查多媒体课件在无网络情况下是否可用。

（三）脚本编写

脚本的优劣直接关系到能否制作出好的多媒体课件，编写脚本阶段是多媒体课件的创意过程。在此阶段中，教师需考虑多媒体课件的整体布局，包括各类媒体素材在屏幕上如何布局、各种按钮名称、应摆放位置以及在使用过程中的激活方法等。编写脚本时还应考虑各种媒体出现的顺序，如何时出现音乐、何时播放伴音、何时应加载动画、视频等。这些实际上都是多媒体课件的创意过程，所以在制作多媒体课件前务必要编写好脚本。

（四）多媒体课件的开发流程

1. 确定课题

理论上来说，任何学科均可使用多媒体辅助教学，但对于使用传统教学方法便可达到教学目的的教学内容，使用多媒体是非必要的，甚至有时会对教学内容的传授造成干扰。相反，较抽象、用语言难以表达、需要学习者反复练习等教学内容更适合使用多媒体辅助教学。

2. 框架设计

确定课题后，须对课件功能和内容进行设计。框架是课件中各部分教学内容的相互关系及其呈现的形式，包括该课件主要结构，能为下一步流程设计奠定基础。通过框架设计不仅能帮助设计者厘清线索，还可使查看框架的其他人清楚设计者的设计思路。

3. 流程设计

确定好课件的基本功能后，设计者需对该课件进行“模拟运行”，从课件使用者的角度来设置流程。流程为该课件的具体使用过程，包括各项功能的实现过程与方法。流程设计是页面设计的重要依据。

4. 页面设计

设计者根据流程设计相应页面。页面中通常包括窗口、菜单、图标、按钮、对话框、热键等元素。其中窗口是课件信息最主要的呈现处；菜单显示用户可用的功能；图标外形应能直观表现其功能或意义；按钮在页面上的位置相对固定，功能一致；对话框用于与用户进行更细致具体的交互，常以弹出式窗口出现；热键采用变色方式提醒用户，通过热区对变色内容做说明或注解，一般在文本中出现。

（五）多媒体课件的界面设计原则

界面呈现在显示屏屏幕上，是学生与课件之间传递信息的媒介、窗口。好的界面常能为课件带来好的学习效果，界面设计需遵循三种基本指导原则：一致性、适应性与美观性。

1. 一致性

一方面指每一个界面应和所表现主题有所联系，体现相应的意境；另一方面指软件屏幕界面应具有整体上的一致感。用户存在个体差异是无法回避的事实，设计者应对不同认知风格的用户提供不同学习和操作方法，尽量让不同用户均有所收获。系统对于区分用户需求必须是敏感的，界面设计风格要与使用对象相匹配，契合不同使用者的不同感知与视听心理。容易学习和使用的软件才可能是一个好软件。

2. 适应性

人类感知行为主要包括视觉、听觉和动觉等，运用多媒体充分展示信息，可以很好适应不同个体在认知形态上的个别差异。学习者的感知偏好是不同的，适合其个性化感知偏好的多媒体形式对促进学习效果更加有效。

在多媒体设计中，除文字、图像媒体合理运用外，还要注意视频、动画、声音等媒体搭配使用；除呈现教学信息，还需使学习者通过讲述等方式参与学习，鼓励复述，设计有效练习。为强化学习效果，设计良好的多媒体课件需调动用户多种感觉注意力，以便把声音、文本和图像等元素与概念联系起来——这种联系促进和支持学习过程中发生的复述过程。

3. 美观性

一方面，多媒体课件屏幕设计应从教学内容出发，有较大视觉范围，内容集中突出、排列规律、相互联系、融为一体；另一方面，使用简单一致的屏幕布局以减轻用户的认知负担，呈现内容需符合教学规律、主次分明、协调统一，不同屏幕之间的切换需流畅，不能出现时断时续现象。屏幕设计包括屏幕布局、文字合理使用、色彩选择等。①标题一般位于屏幕中上部，有利于产生对称感；②标志符号、序数等置于右上角；③教学信息一般安排在突出位置，位于屏幕左中部，所占空间应尽量大。④课件界面需美化，但不能过于追求美化效果，因为其主要功能是教学。使用与背景色相近的颜色勾勒边框、条纹或图案；⑤为平衡重心或其他需要，可使用插花或插图，但不应喧宾夺主；⑥对于需要突出的部分可使用反差和对比度大的颜色和图案，吸引注意力。

三、多媒体素材的准备与制作

（一）多媒体素材的准备与设计

页面设计完成后，设计者需选择适当素材并呈现给使用者。学生通过练习可自查对知识点的理解和掌握程度，教师也可据此了解学生对各部分知识点掌握情况，不断改进教学工作。素材可通过网络等途径来寻找他人共享的资源，也可自行制作，从其他途径寻找素材时，需注意知识产权，尊重他人劳动成果。素材准备完成后，需将其整合分类，其中应注意字体、声音、图像、动画在设计风格等方面的一致性。

目标确定、脚本编写完成后，需完成以下准备工作：

1. 搭建整体框架

在多媒体课件制作工具平台上搭建程序整体框架时，首先应根据教师的习惯和实际水平，使用较熟悉且容易上手的软件开发平台。脚本编写完成后，还应当对脚本进行细化，根据脚本中的逻辑关系并利用 Authorware 搭建结构清晰的框架。由于 Authorware 是基于流程线和图标的多媒体课件开发平台，搭建框架时需以流程线为主轴，把每一步所需图标摆放好，通过此框架使用户明白设计思路和设计意图。框架搭建的好坏将直接影响制作进度和质量，规范的整体框架可以极大地提高制作速度。

2. 准备多媒体课件素材

制作多媒体课件需要许多素材，才能使多媒体课件达到声、文、图并茂效果，使用时方能更大限度地调动学生积极性，使教学情境可更好地开展。各种素材的具体准备要求如下：

（1）文本素材。文本信息是代替传统教学中板书的途径之一。在多媒体课件中，要有针对性地选择文本信息的内容，对于能突出重点、难点的文字，应使用稍大的字号，颜色也需更鲜艳。

（2）图片素材。在计算机中常使用的图像格式有位图和矢量图，获得图片素材的方法有很多种，如可在互联网上下载，也可对课本上的图片用扫描仪扫描或手机拍摄，再通过 Photoshop 或 CorelDraw 等图像处理软件进行加工处理。在进行图片素材处理时需注意以下几点：

第一，图片的选用。图片选用时需注重色彩搭配，背景使用的图片，其颜色需稍淡些，而作为配图的图片应尽可能与页面上其他内容的颜色保持统一。

第二，图片的大小。如果对图片显示效果的要求并非很高时，最好采用压缩量较高的 JPG、GIF 等格式，可减少多媒体课件整体文件大小，便于在网络上传输。同时，为便于维护管理，最好把所有图片单独存放在一个文件夹内。

第三，声音素材的处理。多媒体课件中用到的声音素材一般包括音效和音乐，可通过各种途径收集，也可自行录制制作。这些声音素材往往都需经过后期加工处理，在后期加工处理中常用到的声音软件有 AU（Audition）、GoldWave、Audacity、Sound Forge、MAGIX Samplitude 等。如仅需简单处理声音，Windows 系统自带的附件“录音机”就是一个可供选择的声音处理软件。

第四，视频素材的处理。动画和视频可极大增强多媒体课件的趣味性，使教师易于展开形象生动的教学，能在教学过程中有效地吸引学生的注意力，此种效果是前几种素材所难以展现的。计算机中能够使用的视频格式有很多，但并非所有视频格式都可在多媒体课件中使用，因为每种多媒体开发平台所支持的视频格式都是有限的。在多媒体课件中常用的，即一般多媒体开发平台均支持的视频格式有 AVI 格式、MPEG 格式及流媒体格式。获取视频和动画素材的方法主要有网络或素材库收集、内部制作、外部采集。在制作有关计算机操作的多媒体课件时，还可将操作过程通过屏幕录制软件摄录而得到视频素材。不管用何种方法得到的视频素材，一般不能在多媒体课件中直接使用，因为这些素材内容很难与多媒体课件的要求相符合，要通过视频编辑软件进行后期加工处理。另外，在使用视频素材时还应注意，由于视频格式不同，所用的解码软件也不同，若在多媒体课件中使用视频素材，在说明文本中应告知用户安装相应的支持软件，若非万不得已，切勿使用特殊格式的视频，以免产生不必要的麻烦。

第五，动画素材的处理。在多媒体课件中若能恰当使用较具震撼力的动画，可提高教学效果。动画主要分三维动画和二维动画，区别是：二维动画在面内变化，创作需很强的美术功力。在计算机上制作二维动画与传统手工制作的二维动画有所不同，只需制作出关键帧并设置变形或移动或缩放的动画效果，计算机便能帮助完成剩余工作；三维动画则是在三维空间内进行变化，与只能看见物体在一个面内运动的二维动画不同，三维动画可看到物体每一方向的变化，三维动画的制作过程是非常复杂的，需花费大量精力和时间。

3. 进行细节检查

制作多媒体课件前，需对以下细节进行检查：

第一，检查外部文件的位置是否规范。由于多媒体课件需嵌入大量外部文件，如声音和视频等，添加到多媒体课件中后，其主程序体积会迅速增大，多媒体课件的加载和执行速度会受到直接影响。因此，常用做法是把这些文件作为外部文件进行发布，并对这些文件进行管理，同一类型文件应放在同一个文件夹内，如存放图片的文件夹起名为 image，存放声音的文件夹起名为 sound 等，这样便可见名而知其意。

第二，多媒体课件显示大小的设置问题。在 Authorware 默认设置中作品的分辨率是 640×480，现在主流显示器均在 24 英寸左右，显示分辨率最低也可达到 1920×1080。在播放多媒体课件时，一般会使用投影仪，早期投影仪分辨率最高能支持到 800×600，随着技术发展，如今投影仪均能支持 1920×1080 左右，因此，一般需将作品规格设置为 1920×1080 为宜。作品规格在设计之初便已形成，如若完成作品后再修改，多媒体课件中的图片、文字、动画、视频等素材位置均会发生变化，都需进行重新调整，

第三，作品中是否需要标题栏（Title Bar）和菜单栏（Menu Bar）。作品中如含标题栏和菜单栏，多媒体课件在使用时会较方便，但同时屏幕会占有一定高度，可能影响画面整体效果，放与不放各有利弊，因此在设计前需考虑好。若开始制作时含有标题栏和菜单栏，后期将其去掉，屏幕上的显示内容均需重新调整。

第四，外部扩展函数使用问题。多媒体课件中常需用到一些外部扩展函数，此类函数的存放位置也需要考虑，通常在主程序文件夹中新建一个文件夹用于放

置此类函数文件，并在程序中设置外部函数搜索路径，否则把多媒体课件放置于没有安装相应软件的计算机上运行，程序便无法找到此类外部函数，函数功能便无法实现。

第五，字体的使用问题。某些多媒体课件制作者为追求奇特的效果，往往使用特殊字体，但如在执行多媒体课件的计算机上没有安装此类特殊字体，便无法呈现所追求的效果。为避免此种情况发生，可把这些文字内容转化为图片，但如此一来，又不便于内容修改。因此，如无特殊要求，尽量使用系统自带的基本字库，可减少不必要的麻烦。

（二）多媒体课件的开发平台选择问题

多媒体课件制作与使用必须向专业化和普及化方向发展。普及化即让所有教师均能制作多媒体课件。因此，选择合理适用的多媒体课件开发平台显得尤为重要，一般需遵循以下几项原则：

第一，多媒体课件开发平台界面友好、功能强大。系统集成度高、功能丰富、操作所见即所得，这些均为选择开发平台的重要因素。

第二，新手易学且掌握快。多媒体开发工具操作应简单容易，即使不会编写程序的教师，通过简单学习后，也能快速上手，制作出不错的多媒体课件。

第三，支持更多扩展功能并进行二次开发。单靠某一个开发平台的多媒体课件功能可能较为单一，因此选择的开发平台应尽可能多地支持扩展功能，通过扩展功能提供的外部函数及开发语言能使多媒体课件的功能更加丰富。此外，制作的多媒体课件并非不可修改，应允许使用者按需对其进行二次开发，才能发挥较大效能。

第四，包容性好，同时有较强兼容性。现在所能提供的多媒体课件素材不仅数量越来越多，格式和种类也越来越多，多媒体开发软件应能兼容大多数多媒体素材格式，有时可直接引入其他多媒体课件作为素材，同时还能支持越来越多类型的输入设备。

第五，支持打包功能，以便于发布。制作多媒体课件应该能脱离开发平台独立运行，这就要求开发平台应有很强的打包功能，可把多媒体课件制作成可执行文件。多媒体课件在运行过程中如可脱离开发平台的限制，可用范围便会得到极大的扩展，有利于发布和推广。

笔者在此推荐几个功能较强大并易用的开发平台。微软公司开发的PowerPoint与Macromedia公司开发的Authorware等均为不错的多媒体课件制作软件。近几年随着Macromedia公司开发的Flash功能越来越强大，很多人开始使用Flash进行多媒体课件开发。PowerPoint对于初学者来说，是一个易于上手的开发平台，其功能强大，操作简单。为方便初学者使用，PowerPoint提供许多配套模板，其本身还有较强素材库。PowerPoint是以“幻灯片”结构形式对多媒体素材进行组织管理，掌握基本操作后，便能制作出美观生动的多媒体课件。若对计算机操作熟练，Authorware应是比较不错的开发平台。Authorware功能强大，开发环境是基于图标流程线形式，操作极其方便，作品生动漂亮，交互性极强。若需设计更为复杂的界面，实现更强的功能，还可充分利用Authorware所提供的扩展函数。如今，在教学领域和商业宣传领域Authorware已得到广泛应用。Flash因开发作品的体积较小，便于网络传播，受到越来越多人青睐。Flash开发手段较灵活，有强大动作脚本语言支持，开发的二维动画可在很多开发平台运行。但用Flash开发多媒体课件需具有很强的编辑功底，开发难度较大，因此，建议使用以Flash制作二维动画，并结合其他平台共同生成多媒体课件的方式。

（三）多媒体课件在设计过程中应该解决的问题

多媒体课件要取得较为成功的效果，离不开制作前的设计，并且设计在整个制作过程中占有重要地位。若一味追求新科学技术，把课本上内容和教学环节照搬到多媒体课件中，或把多媒体课件制作成素材展示，均为不当的做法。多媒体课件在教学过程中只能作为一种教学辅助工具，课堂上应重视学生的主体地位及教师的主导作用。

1. 多媒体课件的设计制作要具有针对性

现在教学之所以大量使用多媒体课件，是由于多媒体课件可在提高教学效率基础上优化课堂教学组织结构，同时还增加了课堂上的信息含量。若制作的多媒体课件无法起到相应的作用，便完全没有必要使用多媒体课件。因此，设计时首先应考虑开发制作多媒体课件是否具有针对性、是否有必要，否则只能是画蛇添足。

2. 多媒体课件的设计要遵循灵活、可控和实用性的原则

成功的多媒体课件，操作应方便简捷，设计时应遵循灵活、可控和实用性的设计原则。例如，在多媒体课件具体操作过程中，目录需一目了然，且具有能够随意跳转的按钮，使操作者可轻松自如播放、停止和控制多媒体课件。操作与使用多媒体课件大多是非计算机专业人员，不能让操作者把大量时间和精力浪费在多媒体课件操作与控制上。应做到以下几点：

（1）制作的多媒体课件首先需容易安装，并能流畅运行，操作方便。为便于移动和在网络上正常运行，多媒体课件的体积不宜过大，对于体积较大的多媒体课件，若非存在特殊要求，尽可能分割成几个相对独立的小文件，以保证运行流畅性和教学连贯性，同时也便于管理。

（2）多媒体课件的操作界面需友好。在多媒体课件操作界面上的按钮与图标含义需意义明确，不能让人产生歧义。对整个多媒体课件操作需达到“随心所欲”程度，不能出现死循环。同时，为不分散学生注意力，在多媒体课件中尽量不使用没有必要的图表和动画，以保证课件的界面简洁大方。

（3）多媒体课件运行稳定。在操作过程中，多媒体课件易于退出和重新启动，同时还需避免意外死机和运行错误出现。

（4）多媒体课件的交互性好。不能像放“电影”一样把多媒体课件从头至尾连续播放，在使用过程中应给学生留下一定思考空间。多媒体课件的按钮不应存在歧义，应让使用者易于操作多媒体课件的跳转和运行。

（5）多媒体课件便于后期扩充和修改。如前文所述，成功的多媒体课件不是一次性便能完成，须经过无数次修改，即使如此，在具体教学过程中可能还会发现许多新问题，因此，多媒体课件需允许使用者在后期进行扩充和修改。

（6）多媒体课件必须具有实用性。部分多媒体课件制作者为追求华丽演示效果，将大量精力和时间都花在装饰美化上，而往往忽视制作多媒体课件的真正目的——实用性。

3. 多媒体课件的设计要注意艺术性

多媒体课件设计者和制作者需具有一定的审美观点和审美情趣，具体表现如下：

（1）在多媒体课件中，色彩反差不能过于强烈，需合理搭配颜色，符合学生

的视觉心理；

（2）多媒体课件中使用的图片的尺寸不宜过大，所要表达内容需清楚，尽可能使用 GIF 或 JPG 格式图片；若条件允许，最好亲自动手用数码照相机采集图片，再进行相应处理。

（3）多媒体课件操作界面整体布局需简洁明快、主题鲜明；

（4）若条件允许最好使用三维动画或图片，但所表达对象需逼真，且具有科学性。

（5）多媒体课件若使用配音，应恰到好处地契合课堂的气氛，不宜使用激烈、尖锐音乐作为背景音乐。

（6）多媒体课件中的动画不宜使用只具有装饰性却与课堂教学内容无关的动画。另外，最好使用体积小的 Flash 制作矢量动画。

4. 媒体课件的设计要保证兼容性好、稳定性高

多媒体课件的兼容性好不好、稳定性高不高，在多媒体课件设计时就有所体现，且与选择开发平台有很大关系。因此，务必选择合适的开发平台，制作完成的多媒体课件尽量做到不受系统限制，并能生成独立运行的 EXE 文件。

总之，要制作出比较好的多媒体课件，制作前应精心准备和设计，在整个制作过程中应要认真钻研教材，准确充分地体现教材中的重点、难点问题并予以解决，做到多媒体课件来源于课本，但高于课本。

（四）关于多媒体课件素材的积累问题

多媒体课件制作过程需用到很多素材，若所有素材都在制作多媒体课件时才着手准备，则会非常吃力，因此需注意平时对多媒体课件素材的积累，建立素材库并分类存放。

人们常说“巧妇难为无米之炊”，对于每个多媒体课件创作者而言，平时应注意积累多媒体课件素材，如遇到适合做背景音乐的音乐或背景图片，立即保存，以备不时之需。另外，某些多媒体课件素材可以重复使用。一个多媒体课件使用过后，其他多媒体课件制作时可能还会用到。因此，每次制作完成一个多媒体课件后，应把其中用到的素材有计划地保存到素材库中，不要随意处理。

从专业化、规模化和长远角度看，一是应建立专门多媒体课件素材库，且由

专业人员来完成；二是各科教师应根据学科特点建立个人素材库。制作多媒体课件时，先从个人素材库中寻找素材，个人素材库中无法找到，再通过其他办法获得素材。

四、多媒体课件的测试与评价

（一）多媒体课件的测试与评价

多媒体课件制作完成后，是否能达到预期目标，在教学中能否发挥作用，还有什么地方需要补充、修改和完善？这就要求对课件进行测试和评价。

多媒体课件评价是一项烦琐的工作，需要用系统评价方法、合理组织程序，并提出客观、准确的证据证明评价结果，并非简单依据逻辑推理、个人情感来做出价值判断。

教育软件的评价方法主要指标体系评价法、观察评价法和实验评价法等，多媒体课件作为特殊教育软件，这些评价方法也同样适用。另外，多媒体课件的具体实施的评价方法主要有以下几种：

（1）评价体系式：这是目前各种国内外评价活动中适用性最高的评价方式，是根据教育软件评价组织制定的相关评价内容和评价标准对软件性能或特征进行评定，如美国培训与发展协会的 E-LEARNING 课件认证标准、高级分布式学习实验室的网络教学设计与评价指南、网络教学资源应用评价和改过检查网络课程绩效评价指标体系等，如表 7-1 所示。

表 7-1 **高校多媒体课件评价指标体系表**

一级指标	权重	二级指标	权重
教育性	0.3	选取的内容符合教学大纲要求，体现预定的教学目标	0.25
		内容表达准确、规范，无科学性错误	0.2
		突出重点，分散难点，深入浅出，易于接受	0.25
		内容及表现形式具有吸引力，能够激发学生兴趣	0.2
		提供多重可扩展信息，开阔视野，激发创造性思维	0.1

续表

一级指标	权重	二级指标	权重
科学性	0.25	对基本概念、定理、定义、公式的描述正确	0.2
		公式、符号、单位符合国际标准	0.2
		解说精确、术语规范、文字符号准确	0.2
		图片、动画能够正确反映科学原理、模拟客观事实	0.2
		内容表达无误，引用资料正确、具有权威性	0.2
技术性	0.25	软件运行稳定、可靠	0.25
		界面友好，操作简单、控制灵活，易于安装和卸载	0.25
		交互、导航便利、流畅	0.2
		功能说明、使用说明、维护说明等资料齐全且内容明确	0.1
		存储安全、软件运行的兼容性强	0.1
		开发代价小，实用性强，性价比高	0.1
艺术性	0.2	布局合理，整体风格协调统一	0.2
		图像与画面清晰、美观，并且与课件内容主题统一	0.15
		文字量易于阅读，字形适当、清晰、美观	0.2
		音乐、解说运用恰当，音质清晰	0.1
		颜色搭配观感舒适，不易造成视觉疲劳	0.2
		动画、视频应用合理，播放流畅	0.15

（2）专家分析式：由某些有经验的计算机辅助教育评价人员，通过检查文档资料、观察与记录课件运行状态、亲身体验等方式，对软件的整体印象及其格式、主题等方面进行总体评价。这种方式节省人力物力、成本低、简单易行，但受参评人员主观影响较大，因此，对于评价人员的素质要求较高。

（3）实验研究法：选取一部分学生为实验组，另一部分学生为控制组，在其他条件相同的情况下，对两组分别采取不同方式进行教学，并用教学测量方法采集数据进行分析处理，从中得出评价结果。这样得到的结论虽可靠性较高，但需较多人力、物力支持，因而不能得到广泛使用。

（4）跟踪评定式：这种方式需要很长的评价周期，且对评价人员素质要求很高，因此使用率不高。

（5）自发反馈式：软件使用者在软件使用后，对软件整个应用价值或是某方面特性做出自发性评价，虽很大程度地体现了个人的主观意见，但其意见具有一定的可靠性，对课件开发者有较高的参考价值。

（二）多媒体课件的评价维度

1. 教育性

多媒体课件需具有一定教育性，即明确的教育目标和任务。它是为完成教学所要求的目标和任务而设计并实施的。评价课件是否具有教育性，主要参考以下几个方面：①课件有清晰教学目标陈述；②教学内容选取、表达和组织体现预定教学目标；③课件展示内容符合课程标准要求；④课件内容无政治性错误、思想健康、符合社会道德规范；⑤不论种族、性别和家庭背景，课件内容均能被所有学生接受；⑥课件能将情感、态度和价值观教育融入其中，帮助学生塑造健康人格。

2. 教学性

课件还应具备一定教学性，即恰当合理的教学策略，在方法和方式上能满足教与学需要。评价课件是否具有教学性，主要参考以下几个方面：①课件内容适合学生的年龄特征、认知水平和理解能力；②课件内容切合学生的生活经验；③课件内容在学生认知水平基础上注重对高级认知能力的培养，如分析、综合、论证、运用、抽象和评价等；④课件表达直观，使学生产生兴趣；⑤课件能够激发学生的想象力和创造性思维；⑥课件内容注重反映社会发展情况和最新科技成果。

3. 科学性

多媒体课件作为教师教学辅助教学手段，需具有一定科学性，如各种教学资源整合是否客观科学，是否正确反映知识规律性，等等。课程中所传授知识必须是前人智慧、经验或经实践验证了的科学知识及真理。评价课件是否具有科学性，主要参考以下几个方面：①基本概念、定理、定义、公式描述正确；②公式、符号、单位符合国际标准；③解说精确、术语规范、文字符号准确；④图片、动画能够正确反映科学原理、模拟客观事实；⑤内容表达无误，引用资料正确、具有权威性。

4. 艺术性

多媒体课件艺术性主要指多媒体课件画面、声音要素表现符合审美规律，在不违背科学性和教育性的前提下，使教学内容呈现出艺术表现力和感染力。评价课件是否具有艺术性，主要参考以下几个方面：①文本显示清晰、美观；②图像与画面清晰、美观；音乐、解说运用恰当；③屏幕布局合理、色彩搭配协调。

5. 技术性

多媒体课件在制作编辑技巧上必须达到特定标准，才能让教师在使用课件时运用自如。评价课件是否具有技术性，主要参考以下几个方面：①动画流畅；②操作界面友好，按钮和图标的位置合适，引导性明确；③交互导航便利、流畅、操作简易；④性能稳定，使用过程不会出现异常错误；⑤开发代价小，适于网络运行。

第二节　专题学习网站的开发流程与方法

一、目标、现状与服务对象需求分析

(一) 专题学习网站的服务对象需求分析

需求分析与功能定位是设计与开发专题学习网站的前提和基础。专题学习网站功能主要体现在以下几个方面：①专题学习网站是个资源中心，为广大师生提供丰富信息资源，以便获得更多信息，达到资源共享的目的。②网站提供在线交流平台，能实现师生、生生之间的互动交流，从而及时迅速地得到反馈信息，且师生的交流活动不受时间和空间限制。

进行需求分析功能定位后，方能制定可行性实施方案，为具体开发做好前期准备。在进行需求分析与功能定位时，应针对学生与学校的实际情况对网站进行总体规划，才能有的放矢地开展工作，才能让网站能够切实应用于教学、服务于教学。网站应紧紧围绕一个学习专题，内容生动、有趣、通俗、易懂，才能激发学生主动学习的积极性。

首先，专题学习网站兴起，从根本上说，是由于教育创新的需要。教育创新，根本目的是推进素质教育，全面提高教育质量。教育创新是改革教学的内容、方法和手段，旨在完善人才培养模式，充分吸纳当代自然科学和人文社会科学最新成果，建立符合受教育者全面发展规律的新型教育教学模式。

多年来，我国教育界在教学改革方面进行许多有益探索，但均未真正涉及教学模式改革。改变传统教学模式，将信息技术与学科整合是目前最有效的途径。专题学习网站不仅为学习者提供丰富专题学习资源，便于学习者开展创新性学习，而且提供多种通信工具促进了学习者之间、学习者与教师之间、在校学习者与校外学习者之间的交流，对于学习者形成良好思维习惯和思维品质，养成健全人格，都是十分重要的。

其次，专题学习网站出现，也满足了研究性学习的需要。随着人们对教育模式改革探索的不断深入，研究性学习越来越受重视。研究性学习是以学习者自主性、探索性学习为基础，从学习和社会生活中选择和确定研究专题，以个人或小组合作为主要方式进行的学习活动。学习者通过亲身实践获取直接经验，养成科学精神和科学态度，掌握基本科学方法，提高综合运用知识解决实际问题的能力。

专题学习网站以丰富的站内资源和灵活的信息处理平台为研究性学习者提供了广阔的世界，其工具多样性和联络便捷性又为学习者进行合作研究提供了极大的便利。

（二）专题学习网站的建设目标

专题学习网站既不同于综合性教育网站，也不同于网络课程，它拥有独特的建设目标。

1. 提供先进教学资源创作与管理平台

专题学习网站以专题为导向，提供结构化专题知识库。网站集合与专题相关的各个学科知识点，打破传统知识顺序与结构，在综合多门学科知识基础上，重新组建有序的、符合学生认知规律和特点的知识模块，从而达到资源高度整合与增强学习资源的趣味性的目的。网站应以教师为主要创作者，充分体现教师的教学思想与智慧，同时还应满足学生自主学习与教师备课的双重需要，提高资源利用率。

2. 提供适合网络协作学习的工具

支持基于网络的研究性学习，强调通过学习者主体性探索、研究、协作求得问题解决，从而让学习者体验和了解科学探索过程，提高学习者获取信息、分析信息、加工信息的实践能力和培养良好创新意识与信息素养。

3. 广泛参与、分散开发、集中使用的实施方式

一方面，师生广泛参与网站建设，所有专题与实际教学密切相关，必须有特定受众群，具有较强针对性和明确性；另一方面，网站建设采用资源分散开发、集中使用的实施原则，强调专题网站资源建设与教学实验相结合。

（三）专题学习网站的功能

专题学习网站是信息技术与学科课程整合的一种新形式，不仅可以让学生获得知识，而且能帮助学生进行知识重构和创作，培养学生良好的创新精神、实践能力和信息素养。专题学习网站功能主要包括教学功能和资源整合功能。

1. 专题学习网站的教学功能

专题学习网站的教学功能是由专题学习网站设计目的决定。在信息技术与课程整合的各种方式中，都可将专题学习网站作为课堂学习的扩充与延伸。专题学习网站的选题一般直接来源于课本或与课本相关的主题。教师既可在课堂通过专题网站进行教学，也可布置相关题目让学生在课后运用专题网站进行学习。总体而言，专题学习网站的教学功能是通过以下形式体现的：

（1）提供网络学习环境，为学生学习知识创造良好条件。建构主义与人本主义强调创设良好教学情境的重要性，即让学习者在真实复杂的情境中学习，引导原有认知结构中的有关经验主动同化、顺应当前学习的新知识、解决新问题，从而赋予新知识以某种意义。因此，很多与具体学科相关的专题学习网站，均为学生提供信息丰富、功能齐全的仿真学习情境。

（2）以专题学习网站为依托，为学生开展研究性、创新性学习提供环境。建构主义强调学生应是学习主体，认为通过学习者自己的探究，才能更好地理解知识。专题学习网站为训练学生开展研究性、创新性学习提供了良好条件和环境。

（3）以专题学习网站为平台，开展协作学习。协作学习是自主学习的一种重

要方式，建构主义与人本主义理论对此都十分重视，认为协作学习有助于个体认知结构的建构和发展，要求教师积极引导学生在一定情境下，开展人与人之间协作讨论与交流学习。从某种意义上，专题学习网站是网络平台，学习者在此开展协作学习是非常方便的。

2. 专题学习网站的资源整合功能

一般而言，专题学习网站均包含与专题主旨相关的大量资源，如文字、视频、音频、动画等，构成专题学习网站的学习环境。

专题学习网站与CAI课件区别之一，是其资源更丰富，但这些资源并不是简单堆砌起来作展示，而是能参与学习过程，为学生所用，从而实现专题学习网站的资源整合功能。

在学习中，学习者预先选择研究性学习课题，如“探究活动”模块给学生提供可参考的探究项目，学生选定主题，并查阅大量相关资源，通过对收集到的资料进行分类，形成自己知识体系。而学习者所依据的基础知识，在该专题网站中基本上能获得。因此，这种面向网络的学习，不仅使学习者获得知识，还培养了学习者获取有用信息的能力与创造性加工、处理信息的能力。

二、教学设计与系统设计

（一）专题学习网站的教学设计

1. 确定功能定位

专题学习网站旨在为学生自主学习创设学习资源环境，主要功能定位在：

（1）创设完善专题知识板块，便于学生顺利开展自主学习和协作学习；

（2）建立多样资源库，方便学习者搜集资料，并利用资料主动对知识进行意义建构；

（3）提供互动交流平台，突破时空局限性，培养学生发现问题和解决问题的能力，同时为师生、生生之间沟通创造有利条件；

（4）创设学生作品展示区，激发学生的学习兴趣、动手能力和创造力；

（5）提供资料上传和下载的平台，凸显学生的学习主体性，方便学习者之间资源、信息共享和交流，激发学习兴趣；

（6）网站中的服务系统（如使用说明板块）为学习者更好利用此网站展开学习提供了便捷服务，还能避免信息迷航现象发生。

2. 学习对象分析

分析学习对象是教学设计的起点，能为后续教学研究工作提供重要依据。一是分析学习者的信息技术能力或水平，如是否能熟练操作计算机，可排除因学习者技术限制对学习造成影响的现象。二是分析学习者利用网络学习情况，分析学习者的认知发展特征。认知发展指个体获得知识和解决问题能力随时间推移而发生变化的过程和现象。三是分析学生的学习动机，学习动机是激发个体进行学习活动，维持已引发的学习活动，并使行为朝向一定学习目标的一种心理倾向或内部动力。它与努力程度成正比例关系。正确的学习动机能够引导学生取得学业上的成功。

3. 学习目标分析

学习目标是对学生通过教学后应该表现出来的可见状态或行为的具体明确表述，是教学活动出发点和最终归宿。学习目标分析是教学设计的关键，影响教学方法选择、媒体资源运用、学习评价指标制定等，具体包括知识与技能、过程与方法、情感态度价值观三个目标层次，它们不是相互孤立的，不能单看某一方面。在具体教学实践中，应基于这三个层次来培养学生的信息素养。

4. 学习内容分析

专题学习网站的内容可分为教材分析、专题知识、精品欣赏、学生作品、资料下载、互动交流、使用说明等板块，整合形式多样的媒体素材，提供交流互动和协作学习平台，旨在让学生以主人翁的角色进行探究学习与协作学习，通过交流、讨论和反思，积极理解和构建知识。

5. 学习资源分析

对学习资源的有效设计是教学设计中至关重要的环节。应合理选择信息资源表现形式，明确其使用目标（如呈现现实、创设情境、提供示范等），依据媒体选择相关理论（如最大价值规律、重复作用原理等），结合主题内容类型和学习者特征，选择最合适的专题内容表现形式。

6. 学习方式分析

专题学习网站以学习者为中心，以问题为出发点，促使传统教学过程转变为学习者对信息主动加工和构建的过程，提倡学习者利用专题学习网站开展自主学习、合作学习、探究学习。探究学习指以学习者探究知识内容为主的一种学习活动方式，其学习模式往往是教师先提出某个研究课题，要求学生根据先导知识和相关材料，围绕课题进行研讨。每个学生都需要独立提出自己解决问题的思路并通过小组讨论得出初步结论。

专题网站为学生探究活动提供技术支持和实现可能性。学生可借助网站中已有的学习资源并进行资料搜集，以问题为导向去探索和发现，最终完成对知识意义的建构。整个探究过程是开放的，结果是不定性的，故而学生可从中体验解决问题的乐趣。

7. 学习评价设计

评价指通过收集信息来进行价值判断。通过评价可获得相关反馈信息，并进一步发现问题、解决问题。而传统课堂对学生价值评判主要体现在测试成绩上，教师对学生的判断往往基于成绩高低，而学生也很少对自己的学习进行反思和总结，不能实现全面发展的终极目标。因此，在专题学习网站设计中，会通过一系列量化评价表和问卷调查表考察学生的学习目标是否达到，信息收集、分析与整理能力是否提高，自主、合作与探究学习是否顺利进行，专题知识内容掌握情况，成员合作交流态度如何以及最终作品完成情况等。

（二）专题学习网站的板块建设

专题学习网站包含教材分析、专题知识、精品欣赏等板块，融合文本、图片、动画、视频、音频等形式多样的多媒体资源，体现了一定的教学理念、学习理念、教学设计理念，板块清晰、内容集中，可有效避免学习者在信息海洋中迷航。

1. 教材分析板块

传统课堂由教师掌控整个学习进度或学习内容，课程完成后再对学生的知识获取情况进行价值判断或评价。利用专题学习网站进行自主学习，让学生的主导地位得以体现，学生可自由选择学习内容和学习顺序。教师在整个教学活动中往往扮演引导者的角色。为避免学习的盲目性，网站会提供教材分析板块，以帮助学生顺利完成学习任务。此板块主要由教材介绍、教学目标和学习的重难点三部分组成。其中教材介绍部分明确网站主题及内容来源，旨在给可能存在的其他学习者提供信息指引。教学目标采用的是新课程标准中的三维目标学习法（知识与技能、过程与方法、情感态度价值观），清晰明了的教学目标能指导学习活动顺利开展，也能让学生自行判断是否完成了学习任务。学习者可在学习完成后自行判断是否达标，而提前告知此次学习的重难点则能够让学生提前对不同内容的学习时间分配进行合理有效规划，达到事半功倍的效果。

2. 专题知识板块

该板块提供各种相关学习资源，是学生获取知识的核心板块。此部分内容应严格按照教学大纲要求进行整理与编排。

3. 精品资源板块

该板块能为具备不同言语语言智能、空间智能、逻辑思维智能和音乐智能的学生提供可用的资源，激发其学习兴趣，促进自主学习，也为进一步深入学习提供资源保障。

4. 学生作品板块

该板块为合作学习展开提供了交流平台。学生由教师分成若干小组，以小组合作方式共同完成作品。作品形式不限，学生可尽情发挥想象力、创造力和动手能力。在具体实践过程中，学生需根据网站提供的资料或自己寻找资料来预先设计任务方案，并通过小组合作方式共同完成。

5. 资料下载板块

该板块提供资源上传和下载功能，学生可及时把自己找到的相关信息资源上传至网站与大家分享，形式不限，但内容必须与主题相关。每个学生单独注册ID，需通过后台进行资料上传，遇到感兴趣的话题或内容可直接下载并保存至个人电脑以便进行深度学习——新课程标准强调培养学生的开放与共享思想。管理员已对相应权限进行设置，学生可随时补充和更新学习资源，有利于促进学生与学生、学生与教师之间知识和经验分享或交流，增强学生的学习兴趣。此外，可鼓励学习者积极地将学习成果转化为可视化作品。

6. 互动交流板块

该板块为互动交流、讨论提供便利。师生之间、生生之间可提出疑问、可给出建议、可尽情进行思维碰撞。缺少互动交流，专题学习网站作用只相当于知识信息载体，而为学生提供互动交流平台，体现了新课改加强学习过程对话和互动的理念。师生通过讨论发现自己感兴趣的话题或对自己有启发性的知识，在交流中提高对所学知识的认识。

7. 使用说明板块

传统课堂教学的整个过程由教师进行把控，学生处于被动接受知识状态，而专题学习网站则凸显学生的学习主体性，学习过程由学习者自行把控。使用说明板块能避免学生因对各板块功能和布局不了解而产生思路混乱、学习效率低下等情况，旨在给学习者介绍网站各部分组成和功能，为后续快速、高效地开展学习活动奠定基础。学生在学习开始前需在教师引导下阅读相关引导性说明。

8. 导航板块

学习者在利用专题网站展开自主学习时很容易从事一些与学习无关活动，从而偏离学习目标。还有一种情况，即在网站中找寻信息较为不便时，可能会产生厌烦、焦虑等对学习不利的消极情绪。这些现象都极易导致“信息迷航”，给学生带来不必要的障碍，极大地降低了学习效率。而清晰明了、逻辑性强的专题组织结构是学生高效学习的保证，这样学生才不会把宝贵时间浪费在寻找导航条或交互按钮上。因此，网站导航设计必须做到清晰、醒目，能为学生提供及时有效引导。

专题学习网站特别注重对导航的设计。模块导航以菜单按钮形式排列在每个网页头部（俗称主导航），无论学生位于哪个页面，都可通过主菜单（教材分析、专题知识、精品欣赏、学生作品、资料下载、互动交流、使用说明等）重新进入各功能板块。

目前，网络课程目录组织多采用树状形式呈现，此种形式形象直观，主要包括各板块具体内容链接、友情链接等（俗称次导航）。专题网站大多在两处出现树状目录导航：一是主导航中的“教材分析”“专题知识”“精品欣赏”和“学生作品”四大板块内容处采用树状目录来呈现；二是网页左侧罗列的次级导航。

（三）界面设计

专题学习网站中难免出现因学习内容需要呈现的知识信息量过大而导致单个页面无法承载的情况，需要根据实际情况把内容分解到多个页面中，并通过超链接功能实现各页面间的跳转。

1. 界面风格

界面是学习者浏览网页的窗口，界面设计应美观大方、清晰合理，不能过于单调或花哨。

2. 网站页面布局

页面布局指按照一定原则将各种信息罗列在页面中的不同位置，网站知识内容、媒体信息和学习对象等因素最终决定网站需采用何种页面布局形式，比较常见的有“口”形结构布局、“国”形结构布局、POP 布局和“T”形结构布局等。

3. 色彩编排与设计

色彩是大部分人无时无刻都能感知到的视觉元素，当打开网站时，人们的第一印象往往是色彩。网站界面色彩选用需考虑教学内容、教学对象等因素的限制。色彩的选用不当则容易分散学习者注意力，而合适色彩搭配能够给人赏心悦目之感，也易于引导学习者进入学习状态。

4. 文字编排与设计

文字在网页中承担传递信息的重要作用。合适恰当的文字布局不仅有助于学生阅读和传递信息，而且关系着网站整体美观效果。文字的大小、字体、颜色等基本属性须精心处理。网页中文字可分为标题、内容两大类，标题文字具有信息传递和审美表达的双重作用，内容文字则承担传播知识信息的重要使命，不宜太过花哨，否则容易让学生混淆主次，影响学习效果。

5. 图形的编排与设计

直线的艺术效果往往是流畅、庄重和挺拔。直线和矩形在网站页面上搭配应用能呈现端庄大方、清晰明了、整齐划一的视觉效果，比较适合教育类网站。虚线的效果是轻盈、有动感，考虑到专题学习网站本身相对庄重，而虚线的运用可呈现轻松、活泼的视觉效果，相得益彰。

相较文字，图片往往能够在短时间内吸引学习者注意，增加网页层次感，给人以强烈视觉信息。选用图片时，首先，质量要有保证，不能出现模糊不清的情况，其次，图片应美观悦目，能够切合文字表达意境；再次，图片的大小合适，太大会影响网站打开速度，太小可能会出现模糊不清的问题；最后，图片的作用是烘托主题、解释说明，但不能喧宾夺主。

三、专题学习网站的制作方法

（一）专题学习网站的制作

在开发过程中，专题学习网站不仅需要数据库支持，还需完成动态与动态网页制作。静态网页大多使用 Dreamweaver CS6、Photoshop CS 进行制作，动画可选用 Flash 软件进行制作，数据库、动态网页制作则是采用 AMP（Apache MySQL PHP）集成开发环境完成。

（二）选择 AMP 集成开发环境的原因

MySQL、Apache、PHP 均为开源项目，具有软件丰富、操作方便、编码简便的特点，而具备良好调试开发环境，源代码免费，访问源代码不受任何限制。它可安装在 Windows、Linux 平台上使用，实现起来相对简单，与静态网页、动态网页均能非常便捷地组合。

（三）AMP 各部分的功能

AMP 平台各组件功能包括：①PHP：PHP 能够混合匹配动态信息，以便于满足新网页提出的请求。②MySQL：MySQL 数据库能存储 PHP 需要使用的各种素材。③Apache：Apache 是一个开放的网页服务器，简单、速度快、较稳定。

这三个功能组件在与主服务器分离的开发系统上进行安装后，即可在此功能组件中开发网站、测试站点，测试时无须将脚本上传至主服务器上进行。

（四）配置 AMP 集成环境

首先需下载 AMP 安装包，解压后在文件夹中找到“setup. cmd”并单击，然后在选项中选择 Apache 版本，在文本框中输入“20”后回车，在跳转到的界面中选择 MySQL 版本，再键入“50”后回车，弹出另一个界面，询问“是否执行 Init. cmd 初始化?”，键入“y”后回车，接着后在另一窗口中提示进行 MySQL 的 root 用户密码设置，把密码设为见名知义的“ROOT”后按任意键，测试 AMP 环境是否安装正确的对话框会弹出来，在对话框中键入设置“ROOT”密码，最后点击“连接”即可，此时便会显示数据库、服务器测试成功窗口。AMP 集成环境便配置成功。

（五）静态网页开发软件

Adobe Dreamweaver CS6 是一款具有直观化、可视化界面的网页设计软件，可用于创建、编辑 HTML 网站。用户可在可视化编辑环境中工作，也可利用手工编写 HTML 代码。作为一款交互式二维动画设计工具软件，它因操作简单、功能强大、易学易用、浏览速度快等特点而深受广大网友与设计人员喜爱。

Flash 包含丰富视频、声音、图形和动画，在网上看到丰富多彩的标题、小动画、广告、小游戏以及令人赏心悦目的 MTV 都是用 Flash 制作而成，Flash 也可用于制作教学课件等。在专题学习网站中，可利用 Flash 软件制作首页中出现的广告词条、Logo 部分。

Adobe Photoshop CS6 是知名的图像处理软件，集输入、输出图像为一体，且具有广告创意、制作和扫描图像等功能。在开发专题学习网站过程中，要插入的图形、图像都可以利用 Photoshop 来设计。

Snagit 是一个非常优秀的屏幕截图软件。Snagit 可捕捉、编辑、共享用户计算机屏幕，除具有截图功能之外，还能添加水印、截取箭头或者标记图片，在截图时，它能够任意选定要抓捕对象，也能选定某一静止、活动窗口，亦可选定整个屏幕。

（六）PHP 动态网页开发技术

PHP 是一种脚本语言，安装在服务器端，可让网站变为动态站点。作为网络开发的强大语言之一，应用非常广泛，具有开放源代码、跨平台性强、开发快捷、效率高、面向对象、易于上手、专业专注等诸多优点。PHP 能将源程序翻译为标准 HTML 文件，然后发送至浏览器上，PHP 文件在服务器端运行。PHP 执行速度尤其快，且程序占用资源少，所以很多公司、个人把 PHP 作为 ASP. NET 语言的替代品。

（七）专题学习网站的开发流程

专题学习网站的设计开发包括主题确定、前期分析、网站设计、制作网站、上传测试、维护更新六大步骤，如图 7-3 所示。

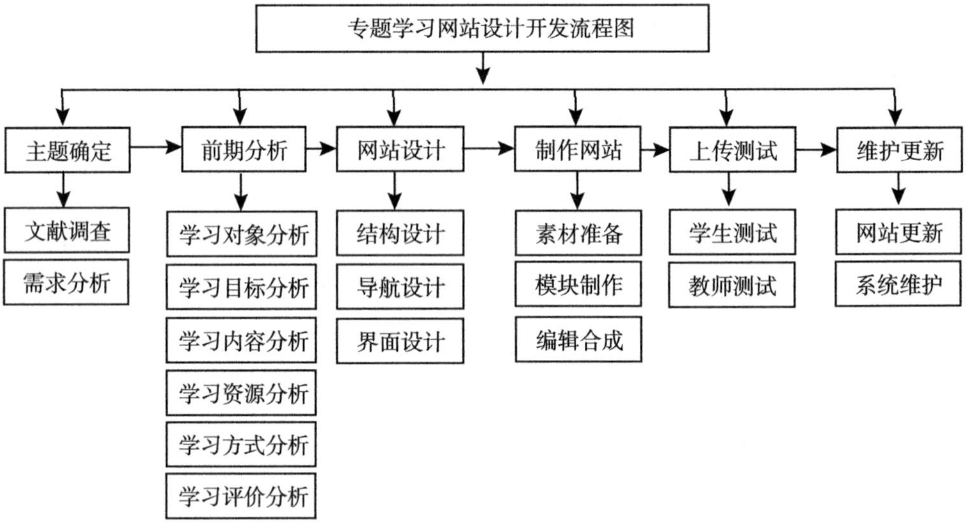

图 7-3 专题学习网站设计开发流程图

网站主题确定是重要前提。主题确定后需进行前期分析，正确有效的前期分析是整个网站设计和开发的灵魂。网站主题分析应在教学设计思想指导下，围绕学习对象、学习目标和学习内容等要素展开。网站设计包括结构设计、导航设计和界面设计三个部分。网站开发可采用三层结构的架构技术，即用户界面层、功能逻辑层和数据库层。其中，在用户界面层可选用 IE、Firefox、Chrome 等常见浏览器。此外，网站内容更新、学生作品上传、资料分享等功能实现需依赖逻辑层子系统。

四、专题学习网站的测试与维护

（一）专题学习网站的测试

当专题学习网站开发完成后，还需对各项功能进行检测。

1. 测试导航

一是当单击相关导航按钮时，能否顺利链接到相应的页面，二是无论处于哪一层次，在当前位置只需单击“首页”，能否随时转至主页。

2. 测试超链接

通过单击链接，能否准确无误跳转至相应位置。如在“电子教案”板块中当单击某一链接时，会打开另一网页，此网页是插入了一个 FRAME 框架，且能链接到某一章节的电子教案。

3. 测试留言板

能否进行登录、注册操作，并且只有注册、登录后方能发表留言。当单击某一标题时，能否打开新页面以回复或留言，方便师生互动。

4. 测试下载资源

练习作业、模拟软件、PPT 优秀作品等资源能否在打开下载链接页后正常下载。

5. 测试视频的播放

专题学习网站中链接的视频能否流畅播放。

（二）专题学习网站的维护

专题学习网站的学科性、地域性及专业性较强，大多由专业、学科教师完成。因此，在网站更新维护上需要持之以恒的投入，以保持网站的内容与时俱进，持续实现其应有的价值。

1. 信息更新

网站已具备一定规模后，但由于中心学科内容加深、教法改革、学生能力提高等诸多现实问题，网站管理、维护人员必须不断增加新信息、新内容，运用最新资源、最佳创意，让网站内容更丰富、更具吸引力、更有利用价值，真正形成师生积极互动的探究学习氛围。

2. 信息监控

所有内容必须经过认真、严格检查、审核，确保其真实性、准确性、规范性，对于某些作品，还要注意其独特性和代表性。

3. 在线服务

专题学习网站同其他网站一样，应体现即时、虚拟、互动的特点，用户有问题、想法和疑问可在网上提出来并与他人探讨。这就要求网站管理、维护人员应及时与访问者沟通，适当提出问题，接收反馈信息，做到及时答疑——答疑质量是专题学习网站生生不息的源泉，也是其不失鲜活、灵性的保障。在专题学习网站的使用过程中，教师、学生不仅能上传新资料，还可将问题、心得、研究成果等通过新建网页、留言板、论坛等板块来讨论或交流，使网站内容更加丰富、功能更加强大。网站建设是一个长期过程，需要不断更新充实，让访问者能随时获取有价值的信息。因此，网站管理者应进行日常维护，检查网站是否访问流畅稳定，不定期审查用户的上载资源，逐步完善网站内容，同时应建立网站维护小组，负责资料收集、整理、上传工作，以便形成快速高效的信息资源管理流程。

第三节 VR/AR 课程的开发流程与方法

一、VR/AR 课程的主题选择

VR 和 AR 课程并不适用于每个教学目标，并且仅在部分教学场景可以使用。

第一，在教学或训练中，常常会遇到真实的难以预料的事情，有时候会有较大的危险性，不方便继续进行教学和训练，甚至可能会对学习者本身造成伤害，如有的对环境有害，有的对设备有所损害，导致财产损失。还有的教学场景，实地操作或演示耗费颇高，也不能随时方便学生到现场感受。这些传统教学所面临的问题和挑战，可使用 VR/AR 技术来解决。

第二，在学习的过程中，通常会涉及许许多多的概念，尤其是相当一部分的概念非常抽象。VR/AR 技术可以利用可视化的图形符号，使得抽象的概念更容易理解。对于一些教学任务涉及灵巧的手工或身体的运动，VR/AR 技术可以让学习者直接进入虚拟世界或感受虚拟场景，使学习变得更加生动有趣。

（1）虚拟现实技术在教育领域中的应用体现在以下五个方面：①科学研究，②虚拟学习环境，③虚拟实验室，④技能训练，⑤教育游戏。

（2）增强现实技术在教育领域中的应用体现在以下五个方面：①教学学具软件的开发，②教育游戏，③学科教学，④图书馆的开发，⑤技能训练。

二、VR/AR课程系统设计

（一）VR课程系统设计

教学的过程可以由数以百计的具体目标组成，每一个目标都必须由教师掌握。虚拟现实技术可以用来达成其中的一些目标，还可以用来确定学生是否已经掌握了某些目标。教师必须决定任何一个课程在何时何地使用VR。

确定何时何地使用虚拟现实的模型一般包括以下步骤。首先，我们需要制定具体的课程目标，然后选择如何使用模拟，如计算机生产的模拟或虚拟现实作为度量或实现手段的目标。在选择时，应充分考虑使用虚拟现实技术的原因和优点，并可以使用虚拟现实的3D模型作为衡量或实现课程目标的手段来细化选择列表。对于列表中的每个目标，一是要确定需要的虚拟现实程度，从象征性到非常真实的规模；二是确定所需的浸入式和存在的类型，从没有浸入3D环境（如桌面AR）到完全浸入（使用头部设备显示、手套等），即从没有感觉的存在到强烈的存在感；三是确定与之交互的类型，以及感知输入和输出，如虚拟世界或环境所需要的触觉和感觉、3D声音、音频、文字、手势。接着，选择虚拟现实的软件、硬件、交互系统等。再根据目标的要求，由教师或虚拟世界构建者建立虚拟环境，学生则可以对虚拟环境预建或修改。所产生的虚拟环境将由一组学生进行评估，评估结果用于修改虚拟环境，直到虚拟环境能成功地衡量或帮助实现目标。最后，使用目标填充对虚拟环境进行评估。评估结果用于修改虚拟环境，以保持与目标相关的虚拟环境。只要虚拟环境供目标人群一起使用，评估和修改就会继续进行。

（二）VR/VR课程教学设计模型

基于SPOC的VR/AR课程教学设计模型主要包括选取VR/AR用于某节课的教学任务、教学内容设计、学习策略选择、教学活动实施和阶段性测试与反馈阶段。首先，需要注意的是，教学内容设计既包括线上平台的教学设计，又包括线下课堂的教学设计。线上设计包括课程目标、课程任务和在线资源的选择，课堂设计是对整个课程教学环节的设计，包括对课程重难点的讲解以及一些小测验和练习，因此教师需求提前预想整个课堂教学过程。在学习策略的选择上，应该注意体现个性化，在分析学习者特征的基础上，选择适合学习者的多元化学习策略。其次，教学实施过程包括线上教学和线下教学两方面。在进行线上教学时，教师要注意发布学习任务，引导学生学习 VR/AR 课程的相关资源，技术课程需要引导学生在课下进行练习，线下课堂教学需要开展多样化的教学活动，课上可以采用小组学习、探究学习的形式，教师在课上应注意引导和指导学生学习以及为学生总结知识点，给学生展示成果的机会。教学实施的过程也是学生意义建构知识的过程，教师在此过程中应努力引导学生组建自己的知识网，选择适合自身的学习路径，从而促进学生进行深度学习。最后是阶段性的测试与反馈，教师需要考查学生线下和线上的学习表现，再结合学生成绩对课程做出评价，并努力修正设计中的不足之处。

基于 SPOC 的 VR/AR 课程教学设计模型是一个总流程，为了能更好地设计 VR/AR 课程的教学活动，笔者根据一些前人的 SPOC 模式教学案例及 VR/AR 课程主要特性，设计了具体的基于 SPOC 的 VR/AR 课程教学活动设计模型，主要包括课前系列活动、课堂系列活动和课下系列活动，如图 7-4 所示。

基于 SPOC 的 VR/AR 课程教学活动设计模型主要包括三个部分，分别是课前、课堂和课下部分，其中课前和课下都是采用线上教学的方式。课前的具体教学设计活动包括展示学习目标和学习任务、学习线上视频、自主练习技术、线上小测验、交流讨论和记录问题、依据自身情况学习拓展内容。课前学习能够起到预习的作用，旨在让学生熟悉 VR/AR 知识和相关技能，带着问题进入课堂。课堂的具体环节包括回忆线上内容、提出问题、小组讨论（或小组练习）、展示成果、教师点评、巩固练习等，教师可以根据这些环节的具体实施情况得出对于课堂效果的评价，以便于更好地修正整个过程。课后学习内容包括线上交流讨论、巩固练习、拓展学习、上传并展示作品、资源共享等，这些环节的顺序并不固定，学生可以根据自己的实际情况进行学习，从而使学习形成一个良好的循环。课前教学起到了支持课堂教学的作用，这二者能支持课后学习，学生的课后整体表现又有利于进一步的修订和完善整个教学过程。因此，基于 SPOC 的 VR/AR 课程教学活动设计模型是一个完整和系统的学习过程。

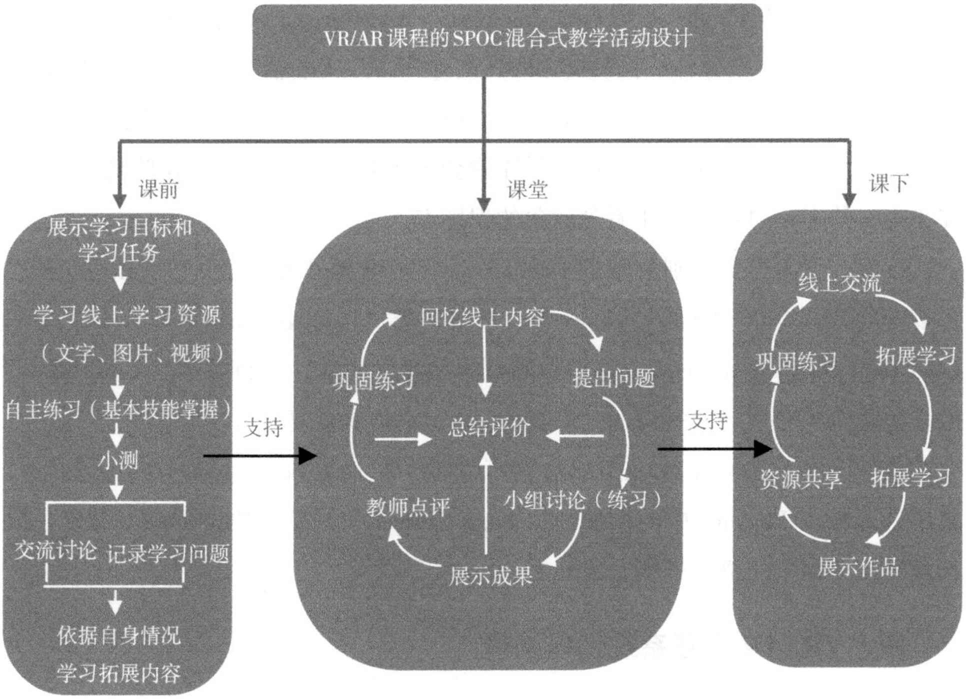

图7-4 基于VR/AR课程的SPOC混合式教学活动设计

三、VR/AR课程素材编辑

进入Vuforia官网，注册登录ID后，为所开发的增强现实移动应用申请一个License Key并对所需要的识别对象进行管理。点击申请应用密钥，输入应用名称，设备类型和授权种类设置，再点击“下一步”和“确定”即可，复制申请好的License Key，它将在后面为U3D应用设置属性时使用。首先，创建一个Unity 3D项目文件，新建场景后按界面设计要求加入相关元素，随后，在Hierachy中删除Unity 3D默认摄像机，把导入的Vuforia文件夹下Prefabs中两个预设体AR Carema和Image Target拖入创建面板中；鼠标点击AR Camera，此时属性面板中就有相关属性，再点击“Add”，将Vuforia网站中获取的License Key填入的App License Key属性中，必须确保与识别图所在的License Key一致。

获得License Key后，要对识别对象进行管理（Target Manager），即AR应用将来可以识别的对象。点击 Add Database→Database Create，创建识别对象 Database 的名称与类型，接着点击 Database→Add Target，确定识别对象的类型（包括单个图片、立方体、圆柱体和 3D 对象等），从电脑中选择需要上传的图片。需要注意的是，为了提高 AR 对象的可识别性，应尽可能地提供清晰度高、差异度大、识别点多的图片（每张图片后会显示其星级，最好是五颗星），可以在 Target 的 Show Features 中看到对象的识别点。

接着，点击下载识别对象的 Database，必须选择开发平台为“Unity Editor”再双击导入到 Unity 3D 的 Package 中。然后勾选“Database Load Behaviour”下的 Load Data Set 和 Activate 项，这样做的目的是激活图片，最新版本的 Unity 3D 已经自动激活了启用导入的识别对象 Database，不需要重复点击。

最后，导入素材对 Image Target 进行设置。在 Data Set 与 Image Target 的下拉框中选择导入 Package 中的图像，将 Image Target 与识别对象进行一一绑定，鼠标拖动需要显示的物体或模型到 Image Target 下即可。

四、VR/AR 课程系统代码编辑

由于移动增强现实和虚拟现实技术在合作性内容创造和情境创设上的特点和优势，符合情境性、适应性的学习资源要求，作为一种软件形式的学习资源类型，移动增强现实和虚拟现实型学习软件将有效地丰富泛在学习环境下的学习资源体系建设。但在进行移动增强现实型学习资源的设计、建设与应用时，应当从哪些因素着手？我们在对已有研究、学习案例和移动增强现实特征分析基础上，从学习资源呈现、学习资源内容、学习资源应用三个层面，凝练出移动增强现实型学习资源的核心要素，并构建了移动增强现实型学习资源的模型。

虚拟现实（VR）技术是使用计算机生成虚拟空间，这个虚拟空间可以是二维、三维、四维等，其中最受关注的是三维空间。在虚拟空间里，虚拟物体根据指定的规则可自主运动。人们通过一定的输入方式与虚拟空间互动，可促使虚拟物体的生成、消除、位移等。

增强现实（AR）技术在现实世界的基础上叠加虚拟物体，叠加的虚拟物体既可以根据真实世界的物理规则运动，也可以根据任意指定的规则运动。人在和增强现实空间互动时，既可以影响虚拟物体的运动，也可以影响真实物体的运动。除了

VR 和 AR 外，还有混合现实（MR）的概念，在这里把 MR 视作 AR 的一部分。

VR 与 AR 既有分别也相通，VR 与 AR 相通主要体现在两方面。首先，VR 空间内的虚拟物体如果有真实物体对应，且虚拟物体与真实物体重合，此时 VR 在某种意义上是 AR；其次，在 AR 空间里，虚拟物体如果把真实世界完全遮挡住，此时 AR 也在某种意义上是 VR。

虚拟现实与增强现实技术给教学提供了新的内容呈现方法和新的课堂互动工具，从而给教学质量的提升带来了新的空间。目前 VR/AR 课程编辑系统尚属于开发阶段，存在诸多空白的地方，如图 7-5 所示。

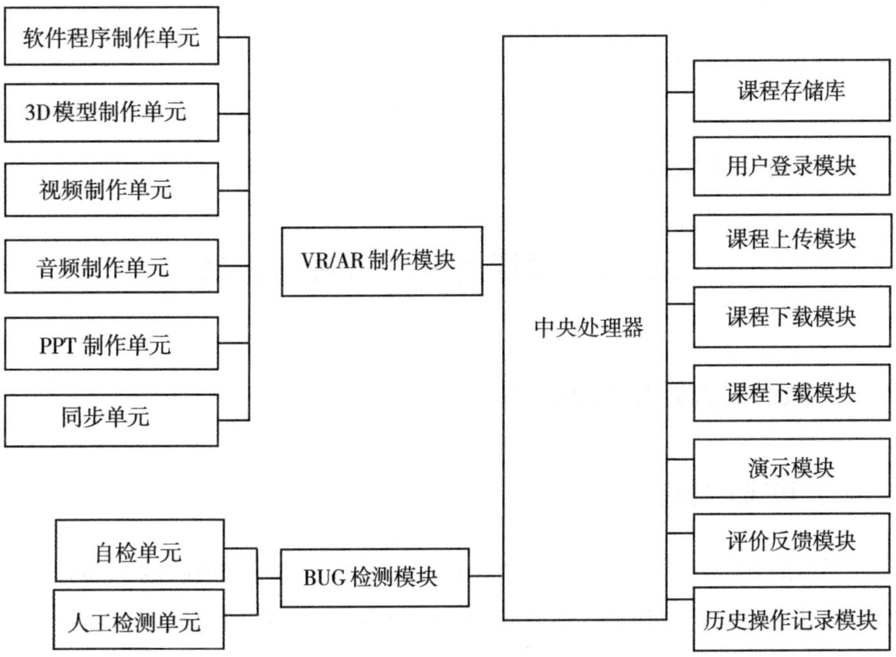

图 7-5　AR/VR 制作与检测模块

五、VR/AR 课程系统的测试与评估

（一）VR（AR）课程系统的测试与评估指标

Kalalahti. J 提出了增强现实应用的可用性评估的启发式算法，包含增强现实

应用的六个评价指标：①交互方法，②虚拟对象的呈现，③虚拟对象与真实世界的关系，④与虚拟对象相关的信息，⑤使用环境的适宜性，⑥使用的物理舒适性。李小平等从VR/AR教学体验设计角度出发，确定了用户界面、可用性和交互设计这三个方面的增强现实教学软件评价标准，Pribeanu等人提出了一个多维模型，用来测量学生所感知的基于增强现实技术教育应用的整体质量，该模型由二阶因子（感知质量）和三个维度构成：人机工程学质量、学习质量和享乐质量。由于这些项目具有通用性质，因此可以适应并将其应用于其他学科以及基于新技术（AR）虚拟现实的其他应用程序，并为研究人员和从业人员提供指导。

（二）VR（AR）课程系统的测试与评估内容

从VR/AR教学体验设计角度出发，应主要评估用户界面、可用性和交互设计这三个方面的增强现实和虚拟现实教学软件评价标准，以及对穿戴设备进行评估与测试，确保课程在绝对安全的情况下进行。

第四节 微课的开发流程与方法

一、微课的选题与教案编写

（一）微课的选题

在当前的互联网行为模式下，微课已经成为教学中不可或缺的一部分，作为教学的辅助手段，它有利于提高课堂的教学效率，但是微课的选题也有一定的原则，并不是所有的教学内容都适合用微课来呈现，必须要找准选题。

1. 微课的选题要以教学重难点为切入点

微课能有效解决教学中的重难点，因此在确定微课的选题时，可以优先选择在传统课堂中比较难诠释清楚的知识点、技能点或学习者的疑点，以此来帮助学习者理解学习内容，解决问题。

在传统教学过程中，教师在讲解某些难点的过程中，可能会感觉到说不清楚，难以表达。学生在听课时更是摸不着头脑，听不懂，自然就无法理解，教学效果就好不了了。因此，对于一些难以理解的知识点，用视频或动画效果会更好。这类微课采用动画会更便于表达，更有利于制作者的想象力发挥，更能够体现教师对知识点的理解，凸显教师的个人风格，使得教学更加个性化，提升学生的学习兴趣。例如，对于各种仪器仪表的使用等需要动手和经验的技能，很难用文字、语音、图片描述清楚，但如果用视频（动画）加慢放，将操作过程分解展示，其效果不言而喻。因此，将操作步骤制作成视频或动画，不仅表达更加直观，而且学生可以跟着重复练习，效果会更好。

2. 微课的选题要吸引眼球

开发一堂好的微课就好比导演一部电影，第一要务就是吸引受众的眼球，如果不能聚焦受众的注意力，即使是再好的内容也达不到满意的效果。我们可以通过给微课一个引人入胜的名字来吸引学生的注意力，给学习者耳目一新的感受，看到题目就有一探究竟的冲动。

3. 微课的选题应该难度适中，内容应该有所精选

微课选题应该遵循最近发展区理论，着眼于学习者的最近发展区，为学习者提供难度适中的内容，以调动学习者的积极性，发挥其潜能，超越其最近发展区而达到下一发展阶段。太难或太易的选题都不适合微课创作，对于难度太大的选题，可适当降低难度等级，有利于各个击破。要在短短几分钟内学习并掌握有一定难度的内容，必须遵循内容精选原则，即去粗取精，删繁就简，化繁为简。

4. 微课选题要遵循聚焦原则

微课选题要遵循聚焦原则，即依据“二八定律”，围绕重点、难点、疑点、关键点创作微课，才可以做到短小精悍。

5. 微课的选题要遵循系统化原则

总体而言，微课具有短小精悍、支持个性化学习等诸多优点，但从个体而言，讲解单个知识点的微课依然存在缺乏深度、广度，容易导致浅阅读、知识碎片化等问题。因此，微课选题还应遵循系统化原则，即从一门课程的缜密的知识体系出发，选取其中的重点、难点、关键点，等等，设计和制作一系列与之配套的教学活动组织（包括思考，讨论，练习，测试，实验，实习，展示，交流等），构成单元/模块/主题微课程。

6. 微课题目和内容选择范围应该保持一致

有的微课题目虽然范围较小，但内容的设计过于宽泛，导致授课内容不聚焦，教学重点不突出；有的微课题目本身范围比较大，内容涉及的范围又时大时小，使得教学重点模糊。这两种情形都偏离了微课所要求的“点”的特征。因此，在微课的标题和内容范围选择上，一定要小，应突出知识点或技能点，且要保持前后一致。

（二）微课教案的编写

1. 编写微课教案的主要难点

一是如何规划微课设计思路。在设计编写微课教案前，要充分考虑微课的设计思路。微课设计思路就是针对这一次微课，如何围绕教学目标选择教学内容，采取哪种具体的教学方法、教师采取何种语言方式进行讲解、以哪种屏幕呈现方式展现微课内容能够使学习者学得更好等方面展开思考并规划内容。微课的设计思路应与教学主线有机融合为一体，后续工作可遵循此思路而不应反复修改。

二是教学过程中选择什么样的案例较好。某些教师在授课过程中选择的导入案例、引用案例和创新案例等，只注重案例与知识点和技能点之间的关联度，而忽视了作为案例本身应该具有的可信度、职业属性和吸引力等要素，导致案例教学应用的预期效果并不理想，甚至会引起学习者的误解或反感。微课教学由于时间只有 5~15 分钟，时间短，任务重，因此，选择最佳教学案例就显得非常重要。

2. 案例的选择

案例选择应遵循如下三项原则：

一是能引起学习者的兴趣。通识课程的微课易选择学习者日常生活、学习活动、时事新闻等方面的案例，学习者对此案例有感性认识或亲身体验，能够产生浓厚的学习兴趣。

二是与行业、企业中的实际应用相关。选择与专业相关的行业、企业在实际应用中的案例作为微课教学案例，能促进学习者对未来专业知识的深度了解，发现所学知识的应用价值，从而提高学习者对学习内容的兴趣和学习效果。

三是案例宜精不宜多。一次微课中应该选择几个案例进行教学应用呢？要看选择案例的复杂程度和教学焦点数量。一般情况下，如果一个较复杂的案例能够应用于微课中所有的教学焦点，则可以将该案例作为导入案例先提出来，以引出相关的知识点和技能点。

3. 体现教学目标

按照课程教学目标分解的微课教学目标，通常应包括知识与技能、过程与方法、情感态度与价值观三维目标。在职业教育课程中，情感、态度和价值观能够很好地体现其职业属性，这一维度是职业教育教学目标的重要基础，缺乏这一维度的教学目标是不完整的、有缺陷的。

在微课教学内容中，通过源于行业企业、社会实践和生活中的案例来体现教学目标中的情感、态度和价值观相对更容易。在引用这些案例的过程中要有意识地、自然地加入情感、态度和价值观的内容，使案例体现真实性、知识性、职业性和情感性。

（三）微课的教学设计

1. 教学设计思路

为激发学生的学习兴趣，应采用基于问题的教学模式，通过视频案例，结合“提出问题—分析问题—解决问题”的教学思路来组织教学活动，在教学过程中注重对学生自主分析问题能力的培养。

2. 教学目标与重难点

首先，通过视频引出问题，融入教学目标。其次，教师讲授重要的知识点，引导学生运用知识点，提出问题并通过协作解决问题。再次，引入典型案例并引导学生分析案例，实现学以致用。

3. 教学过程设计

教学过程分为问题引入、概念学习、核心知识学习、概念界定、解决问题、新案例拓展、案例分析与解决、知识总结等。

二、微课的拍摄

在科技快速发展的今天，社会进入一个“微”时代。微电影、微杂志、微小说、微博、微信等如雨后春笋纷纷出现，让人们目不暇接。社会媒体的高速发展让传统以摄录为主的微课发展出多种制作形式。

第一，视频拍摄工具拍摄。通过 DV、摄像机、智能手机、网络摄影头、数码相机等具有摄影功能的设备进行拍摄，对教师的讲解内容、教学过程进行全程记录，以真实的教学情景给人以身临其境之感。摄录者根据课程内容和特点选择好拍摄场地，一般理论教学可以选择演播室或教室，专业实践教学可选择专修室或室外。拍摄空间场地要布置适合的喷绘，突出课程特色。拍摄时，一般采用“三机位”拍摄，也可采用双机位拍摄，即 1 号机拍摄教师特写，2 号机位拍摄全景。如条件允许，可将 2 路视音频信号和 PPT 课件信号同步输入非线性编辑系统，因其视音频同步可使后期编辑工作大大减轻，同时摄像机同步录制视音频，可作为备份以防万一。

第二，录屏软件录制。在教师的计算机上安装录屏软件进行录制，如 Camtasia Studio 录屏软件，结合 PPT 与其他软件或者工具呈现教学过程。录屏内容包括电脑屏幕上的 PPT 、word 或手写板、画板软件界面等。这种方式比较适合能够清晰地展现教学内容讲解全过程的视频，如计算机的操作过程等，让学生更容易理解知识点。

第三，课堂实录式。课堂实录式是原来的精品课程和视频公开课使用的一种录制方式，因微课的制作对拍摄的方式没有严格的要求，所以也有教师在制作微课的时候会选择使用课程实录。因为在这种教学环境里面，能够凸显教学的氛围，但是可能会有一些多余的课程环节。对于这种课堂实录的素材，教师就要精心裁剪。

第四，实景拍摄式。实景拍摄的方式有利于学习者感受实地氛围，弥补传统课堂教学的不足。

第五，动画式。动画一般作为片段插入教学视频当中，如一些二维动画和三维动画，能够让抽象的知识更加形象化，增强其趣味性。

第六，混合式录制。运用实拍式、录屏式合成等多种方式的整合，最终的视频既有拍摄，也有录屏，还有软件开发的各种资源等。也可以采用软件与硬件一体专业级录播或演播系统。形式多元，教学主线清晰，信息量大，质量高，且具有很好的交互性，学习性，但制作成本高，花费大。

三、微课的后期制作

所有教学或课堂镜头拍摄完成后，课程主要负责人和编辑人员要协同整理素材。根据教案设计，利用非线性编辑系统进行编辑时，场景编排和切换应符合影视语言的剪辑和编辑规律，并结合相应教案设计的教学内容，以主讲教师的语言、形体动作、板书的特写、中近景镜头为主，以教学全景、学生镜头、提问互动镜头为辅，穿插视频、音频、动画、图文资料等内容，使整个微课程视频既内容完整、重点突出，又不失艺术性，具有较强的感染力。

在微课刚刚兴起时，可用于制作微视频的工具可谓是五花八门，有用摄像机的、有用手机的，随着更多的企业和科研力量的介入，相关的软件和工具不断出现，现在能更加方便快捷地制作微课了。下面介绍几个常用的、好用的微课制作软件。

（一）PPT 制作及美化

1. Microsoft Office PowerPoint

Microsoft Office PowerPoint 是教师常用的演示工具。它出自微软公司的 Office 套件，制作成的 PPT 文稿可以在计算机或者投影仪上给学生进行演示，也可以将演示文稿打印出来。当然，也可以保存为 pdf 文件或图片等。

2. Prezi

Prezi，是对传统 PPT 的一种突破和创新，能使使用者的想法更加生动有趣地展示出来。Prezi 打破了 PPT 的线性结构，而是通过一个面来展示。在 Prezi 的画布上，使用者可以随意挥洒构思，描述不同的细节。Prezi 更是可以通过多种终端（Windows 和 Mac 电脑桌面端、web 网页端，安卓、iPad 和 iPhone 移动端，等等）创建、编辑文稿，从而实现不同设备、不同人员之间的互通与交流，进一步帮助使用者开阔思路，明晰文档的创作结构。

3. PowerPoint 插件

PowerPoint 插件是第三方公司或个人制作的能让 PPT 更加人性化的小工具。通过插件，可以让用户方便快捷地实现自己想要的功能。比较好用的插件有 Onekey tools、PPT 美化大师、Nordri Tools 等。

（二）视频处理及屏幕录像软件

1. CamtasiaStudio

CamtasiaStudio 是一套专业的屏幕录像软件，同时包含 Camtasia 录像器、CamtasiaStudio（编辑器）、Camtasia 菜单制作器、Camtasia 剧场、Camtasia 播放器和 Screencast 的内置功能。使用该软件，用户可以方便地进行屏幕操作的录制，开展同步配音，同时，还可以进行后期视频剪辑，添加过场动画、说明字幕和水印、制作视频封面和菜单等。

2. Fscapture

Fscapture 是一款抓取屏幕图像的小工具。它不仅体积小巧，而且功能强大，装在 U 盘里就可以带走，完全可以作为随身工具。Fscapture 不但能截图，而且可以从扫描仪获取图像，同时，它还能将图像转换成 pdf 格式的文档。Fscapture 自带的图像编辑器，功能之强不亚于 Windows 的画图。除了截图功能，它的 7.0 版本开始加入了屏幕录像功能。Fscapture 的屏幕录像质量堪比专业录屏软件，是电脑中必备的功能扩展助手。

3. 会声会影

会声会影是一款功能强大的视频编辑软件，能让用户很方便地进行图像抓取和编辑，还可以一边抓取视频一边转换画面文件格式，在会声会影里提供多种常见的视频格式，甚至可以用这款软件直接制作 DVD 光盘。会声会影支持各类音频和视频编码，是一款简单好用的影片剪辑软件。

（三）图片处理

AdobePhotoshop，通常被称为“PS”，是一款图像处理软件。利用它，用户可以对图片进行天马行空的处理，结合一些专业插件更是能最大限度地发挥其图像处理功能。

（四）音频编辑

CoolEdit 可看成为一款利用音频来“绘画”的程序，它是一款数字音乐编辑器，可以放大、降低噪声，可以对音频文件进行压缩、扩展、回声、失真、延迟等处理。CoolEdit 支持多种音频格式，并可以方便地在 AIF、AU、MP3、RawPCM、SAM、VOC、VOX、WAV 等文件格式之间进行转换。

（五）后期加工

专业的后期加工包括以下四部分：

第一，组接镜头，也就是剪辑，具体来讲就是将电影或者电视里面单独的画面有逻辑、有构思、有意识、有创意和有规律地连贯在一起，形成镜头组接。一部好的微课是由许多镜头合乎逻辑、有节奏地组接在一起的，从而阐释或叙述某件事情的发生和发展的过程。当然，在电影和电视的组接过程当中还有很多专业的术语，如“蒙太奇手法”，动接动、静接静、声画统一等画面组接的一般规律等。

第二，特效的制作，如镜头的特殊转场效果，淡入淡出以及圈入圈出等，还包含动画以及 3D 特殊效果的使用。

第三，应该考虑后期的声音制作问题，包括后来电影理论中出现的垂直蒙太奇等。

第四，微课通过录播系统录制后，再使用视频编辑软件进行剪辑，最后通过 Camtasia Studio 7 添加字幕。需要重点提醒的是，在录播系统的使用中，应注意教师在场景中出现的频率与时间的长短以区分微课与常规课堂。在微课的 PPT 或动画中，应尽量保证画面是动态的，避免长时间静态帧的出现。

四、微课的评估

从现代化教学的角度来看，微课是非常重要的一种教学资源，同时也是教学过程中的重要组成部分，微课的评估体系具体是对已经完成的教学课程及受众学习效果进行评估。因此，构建合理的微课评价体系，将直接影响微课的质量。它也能够促进教学实践，并能够保证教学实践顺利进行。一方面，学校可以监控教师的教学水平，另外一方面，教师也能够及时的反思自己在教学中的不足，学生们也可以及时地进行反馈。

（一）建立微课评估体系的意义

任何一种教学形式，如果没有科学的评价方式就无法保证教学的效果，因此，微课也需要建立一定的评估体系，不仅能提升微课的教育效果，同时也能够保证微课的资源得到有效的利用。信息时代的到来极大又极深刻地影响了人们的生活方式与学习模式，也对传统教学模式提出了新的要求。传统教学模式通常都是以教师为主体进行授课的，教师为学生准备一些有关课程的资料，在课堂上学生与教师之间有一定的互动。但是构建微课的评价体系以后，学生和教师之间就会存在着更多的互动，如教师可以随时地向学生发放问卷，及时地对学生反馈的数据进行分析，找到问题后分析原因，从而随时调整微课授课的策略。构建微课的评价体系，对于学生来说，也是一件非常有利的事情。学生们可以根据自己的学习需求，及时地提出建议。并且因为评价体系需要贯穿整个学习的过程，学生可以在学习知识的过程中随时提出建议，保证了师生之间的有效沟通。

（二）微课评估体系的原则

1. 全面性原则

以往对微课的评价体系中，更关注的是教学的过程，把微课的其他环节全部忽略掉了。如今，微课是贯穿整个教学过程的，教师不仅要观察使用微课以后的学习效果，同时也要观察学生课前、课中以及课后的状态，只有这样全面地观察，才能够更加合理地设置微课的评估体系。微课的内容作为评估体系中的一项重要的内容，不仅要考察表现方式、呈现水平，还需要观察运行平台是否流畅，有没有充分地考虑到学生发展的特点等。只有这样全面地进行评估，才能有效地提升微课的使用效果。

2. 便利性原则

在制定微课科学的评估标准时，一定要讲究便利性。便利性主要体现在调查问卷方面，以往的问卷更加复杂，教师了解微课呈现效果的方式更多体现在与学生的日常交流之中。网络时代的到来，教师可以使用更多的多媒体信息技术去制作调查问卷，不仅制作方便，而且调查问卷也可以通过网络平台发布。学生的回答与提交也更方便。同时，对微课的评价也会一目了然。只有评估的过程更方便，才能让工作更好地开展。

3. 多元性原则

微课的评估应注重多元性。从设计微课，到开发和应用微课，再到对微课的评估，涉及很多的人员。在对微课进行评估时，评估人员应该是多元的，包括开发人员、技术人员以及使用人员等。开发人员可以进行自我评价，检查微课的整个体系是否存在问题与不足，以便进一步地完善。技术人员是核心人员，他们可以对整个过程进行评价。使用人员包括学生和教师等，他们可以对使用体验进行评价。

（三）微课评估体系的主要内容

1. 对微课内容的评估

在对微课评估体系研究时，内容是非常重要的部分，教学的内容必须要突出重点以及难点，同时要体现出教学评价。微课的内容不仅仅是对理论知识进行讲授，同时师生也需要借助微课完成实践部分的教学。微课的时间很短，内容精练，它所讲解的内容是教学目标中最为核心的且学生理解较为困难的部分。所以，微课的评估体系中应该重点考虑讲解内容。

2. 对微课的资源应用进行评估

资源应用也是微课评估体系中非常重要的一项内容，即不仅仅关注其学习资源，也应该综合考虑平台、用户之间的整体协调关系。评估时应该考虑该资源平台是否符合学生的真正需求。

3. 对微课的教学效果进行评估

以往开发的一些微课模型不能及时得到教学效果的反馈，从而导致课程开发的失败。只有教学效果好，才能证明其价值。因此，教学效果也是评估体系中的一项重要的内容，它可以从学生接受知识的程度进行反馈。

4. 对微课的教学设计进行评估

教学设计是衡量微课是否优秀的重要标准。优秀的设计一方面体现在制作的技艺上，包括视频是否流畅、音质是否清晰、布局是否合理等；另一方面，微课的设计一定要突出教学过程中的特色，同时也要能激发学生们的学习动机。

在新的时代背景下多媒体以及互联网移动技术不断发展，催生了许多新的教学方式，微课就是现代教学方式中的重要手段之一，其评估体系会直接影响微课的质量。构建合理的微课评估研究体系可以让教师及时发现问题并进行修正，提高微课建设的质量，进一步提升教学效果。

参考文献

[1] 任晓光. 浅谈现代教育网络教学资源的有效利用 [J]. 辽宁广播电视大学学报, 2017 (4): 23-24.

[2] 黄振兴, 阮文权, 成小英, 王新华. 试论布鲁姆掌握学习理论及其教学应用 [J]. 大众科技, 2015, 17 (11): 106-108.

[3] 徐珂. 关于新课改背后西方学习理论的再认识——以布鲁姆的掌握学习理论为主 [J]. 大学教育, 2014 (4): 29-30.

[4] 崔红岭. 信息化教学资源的应用 [J]. 中国教育技术装备, 2012 (10): 30-31.

[5] 沈新荣. 基于 Google Earth 理念下的高中地理可视化教学实践——以人教版高中地理必修一 "山地的形成" 为例 [J]. 地理教学, 2014 (13): 18-20.

[6] 张华. 基于网络的英语阅读课教学——研究性学习初探 [J]. 外语电化教学, 2003 (6): 61-64.

[7] 吴彦良, 张朝红, 贾书军. 微课制作存在的问题及改进建议 [J]. 中国现代教育装备, 2021 (20): 67-69. DOI: 10.13492/j.cnki.cmee.2021.20.021.

[8] 江燕, 聂玮, 严业超. 浅析微课以及微课的设计与制作 [J]. 中国多媒体与网络教学学报 (中旬刊), 2021 (4): 5-7.

[9] 王磊, 赵铮. 微课制作工具及制作技巧 [J]. 数字教育, 2015, 1 (5): 71-78.